米中関係の実像

「台湾有事」を
両国の密談と闘争の
歴史から読み解く

末浪靖司

かもがわ出版

はじめに

日本の新聞には、台湾有事という言葉が頻繁に出てくる。台湾有事とは、中国軍が台湾に攻め込み、台湾海峡で戦争が起きることだが、そこにはアメリカが台湾を支援し、米中戦争になるという意味がある。書店の本棚には「台湾海峡で戦争が起きる。その時日本は」と書いた本が並んでいる。

アメリカと中国は戦争するだろうか。

実はアメリカと中国の奇妙な関係が、もう長い間つづいているのである。21世紀に入ると、中国経済の急速な発展を背景に、米中関係が政治・経済・軍事・文化などあらゆる分野で進展した。しかし最近は、中国が軍事・外交などでアメリカと対抗することが多くなり、「米中新冷戦」などと言われている。

対立と妥協、緊張と和解、そして戦争と平和が交差する米中関係は、まさに我々の眼前で織りなす現代世界のドラマである。

国際政治や世界経済はこれからどうなるか。気候変動や自然破壊など地球の異変はどうなるか。私たちの生存や暮らしにとってきわめて切実なこれらの問題を考えるためにも、米中関係を深く解明することが避けて通れない。

日本が米中両国の動向から強い影響を受けることは避けられない。なぜなら、日本は中国とは一衣帯水の隣国であって文化的にも経済的にも深いつながりがあり、いま中国は日本の最大の輸出国であり、最近は輸入でも1、2を争う地位を占めている。

けれども、日本はアメリカと軍事同盟で結ばれ、その深い従属的地位にあり、それは軍事大国化する中国に対抗するために必要だという論調が支配的である。

従って、米中関係をその深いところで解明することなしには、日本の平和・安全にかかわる問題を理解することはできない。

まず差し迫って解明が求められている「台湾有事」の問題から始めよう。そして、米中関係全体の問題を見ていこう

米中関係の実像——「台湾有事」を両国の密談と闘争の歴史から読み解く●もくじ

第1章

米中は台湾海峡で戦うか

1、海峡紛争の現局面

中華人民共和国が生まれてから70数年になるが、全体としてその多くはアメリカとの激しい対立の時代であった。

毛沢東が１９４９年10月１日に天安門で建国を宣言して間もなく、翌50年６月25日に始まった朝鮮戦争では、国連軍の名で出兵したアメリカ軍と中国人民義勇軍の名で参戦した中国軍が戦火を交えた。

その後、両国が戦争したことはなく、首脳が親密な関係を結んだ時もあるが、全体として緊張した時代が少なくない。

最も大きな緊張要因は台湾問題である。そこには、台湾海峡の紛争が米中戦争になるのではないかという危機感がいつもつきまとっている。

台湾問題の歴史的な経過は後で述べることにして、まず最近の動きからみよう。

米中首脳会談とそこから見えるもの

バイデン大統領と習近平主席は２０２２年11月14日、G20首脳会議がインドネシアのバリ島で開催された機会に３時間余会談した。

その中で台湾問題について、バイデンは「一つの中国」政策に変更はないとしながらも、「一方的な現状変更は反対」と述べ、中華人民共和国と中華民国という２つの国が存在している現状の維持を主張した。

一方、習近平は「台湾問題の解決は中国人自身が行うことであり、中国の内政である」とし、「台湾独立反対などの約束を確実に実行すべきだ」と主張した。

ホワイトハウスの発表によれば、バイデンは「中華人民共和国の台湾に対する威圧的で攻撃的な行動に異議を唱えた」という。

このように台湾問題では対立しながらも、ハリス副大統領が同19日、バンコクで明らかにしたところでは、習近平は「米中関係を次の段階に導く重要な意義をもつ」と首脳会談の意義を強調した。

ここに、習近平政権の対米政策の特徴がある。どういうことか。

「人民日報海外版」11月15日付によれば、習近平はバイデンに「米中関係のいまの局面は両国と両国人民の根本的利益に合わない」との べた。つまり、台湾問題で対立があっても、米中関係をさらに発展させる習近平政権のメッセージを発信したわけである。

同紙はまた習近平・バイデン会談について、王毅外相の長文の説明を掲載し、その中で「『台独』を支持しない」としたバイデン発言を、「米側に言行一致を求める」とした習近平発言とともに紹介した。

米大統領が「台湾独立」を支持しないと公式に約束した以上、米中双方は台湾問題でも、この点で折り合えるはずである。

それなのに、なぜ中国はアメリカが「「台湾独立」に組みしていると非難するのか。そこに単純ではない米中関係の現実がある。

オースティン国防長官と魏鳳和《ぎほうわ》国防相の11月29日のカンボジアでの会談でも同じだった。魏鳳和は、台湾問題で「外務勢力は介入や干渉する権限はない」と述べた。「外部勢力」とはアメリカのことである。

つまりアメリカが台湾問題で干渉・介入していることは許せないが、中国はアメリカとうまくやってゆくというのが、習近平政権の立場なのである。

バイデン政権の国防総省は2022年10月27日、中国を「最も重要な戦略的競合国であり続ける」「中国に焦点を当てた戦略」として、中国の脅威を抑止するためのインド太平洋地域での軍事同盟強化の方針を、「国家防衛戦略」として発表した。また同日発表した「核態勢見直し」報告でも、中国に対して核戦力の優位性を確保する方向を明確にした。習近平との会談の半月前のことである。

バイデン政権は軍事同盟と核戦力により軍事的優位をはかることを明確にしているのである。

これに対して、中国側は「人民日報」などのメディアでも、習近平のバイデンとの首脳会談でも異議を唱えていない。

第3章で詳述するが、中国はロシアのウクライナ侵略に対しても、これに対抗して行われているアメリカなどNATO諸国のウクライナ兵器支援に対しても反対していない。中国の対アメリカ政策はこのような対外政策と一体のものであり、その分析は第3章の課題になる。

そうした中国の対米スタンスを念頭に置きながら、ここでは台湾問題に関係する米中関係を見る。なぜならこの問題は、本書の終章で詳述するように、「中国を念頭に」おいて進められている日本の自衛隊増強や日米軍事同盟強化に直結しているからである。

「アメリカは台湾を防衛する」

2022年5月、最初のアジア歴訪の旅にでたバイデン大統領は東京で、ロシアのウクライナ侵略に対抗する方策とともに、一連の多角的で挑戦的な対中国政策を示した。その中で最も重要な位置を占めているのが台湾海峡の紛争だった。

台湾が攻撃されたら、アメリカは台湾を軍事的に防衛するかという質問に対して、バイデンは「イエス」と言った。台湾防衛にアメリカが軍事的に関与するという意味である。

バイデン大統領が「台湾防衛」を口にしたのは、これが初めてではない。2021年1月に大統領に就任して以来、ワシントンでも、記者から質問されるたびにそう言ってきた。しかし、このことを台湾海峡に近く、台湾など極東を含めて出撃範囲とするアメリカ軍が駐留し、自衛隊と実戦さながらの共同演習を繰り返している日本で言うのとは、政治的意味がまるで違う。

日本では、「台湾有事」という言葉が一人歩きしており、その場合はアメリカ軍の作戦を自衛隊が後方支援すると自民党の佐藤正久外交部会長が主張し、多くのメディアは自衛隊出動が避けられないと書いている

中国が台湾を攻撃した場合、実際にアメリカ軍が出動し、台湾軍を支援して中国軍に反撃するのか、それとも何もしないで見過ごすのか。

中国軍が台湾に侵攻して、アメリカ軍が台湾を支援して参戦すれば、米中戦争になる。そうなれば、アメリカが兵器を送って支援するだけのウクライナ戦争とは違って、戦争になる。いわゆる「台湾有事」にはそうした意味が含まれている。

それでは、台湾問題で米中は本当に戦争するのか。その答えを得るには、米中の関係を深いところで知る必要がある。

中国共産党の習近平総書記は2022年10月に開催された第20回大会で、「武力行使をけっして放棄しない」と言明した。

中台統一は、中国共産党にとって中国革命の残された課題である。習近平は「台湾が中国に返還された後、アメリカは内戦に干渉し、中国の統一を妨害し、台湾を脅迫して、『台湾によって中国

を制し（以台制華）』、中国を抑え込んだ」とアメリカを批判する（「人民日報海外版」2020.1.3.「台湾問題は必ず民族復興に従って終わる」）。

台湾は、中国革命で大陸全土を掌握した中国人民解放軍にとって残された地域であり、その「解放」は中国革命を完成させる事業である。

とはいえ、大陸と台湾が分離してからすでに72年が経過しており、世界の大勢はもはや武力革命の時代ではなくなっている。

中国が台湾に軍事進攻することは、いまでは大陸と台湾の双方の中国人が支持しないだろう。台湾海峡の両岸に住んでいる人々は、いずれも中国人である。中国当局も大陸と台湾の「平和的統一」を強調する。両岸の人々は、習近平の「武力統一」発言を、どのような思いで聞いただろうか。

台湾問題で対立と対話を交互に

現在の米中関係の特徴は、両国首脳が激しく応酬している一方で、電話やテレビ会談などによる対話を頻繁に繰り返し、意思の疎通をはかっていることである。

例えば、バイデン大統領と習近平主席は２０２２年7月28日の電話会談で台湾問題を論議し、習近平が「米中関係の政治的基礎である一つの中国の原則を守れ」と要求したのに対して、バイデンは「一つの中国のアメリカの政策は変わらない。台湾『独立』を支持しない」と述べ、中国の有力紙「文匯報」同29日付けはこれを大きく報じた（「文匯報」2022.7.29.「習近平がバイデン米大統領と電話で約束し合う」）。

２０２２年９月25日にも、ブリンケン米国務長官と王毅中国外相は国連本部で会談し、台湾問題などについて話しあった。会談は、双方が対立する主張を述べ合って対話を継続することで一致したという。これも最近の米中会談のいつものパターンである。

翌26日のニューヨーク発新華社電によれば、王毅は席上、アメリカが台湾をもって中国を制し、さらには台湾防衛まで唱えていると米側を非難し、米中２つの大国には共同の利益とともに深刻な分岐があり、これは変えようがないと述べたという。これに対してブリンケンは、米中双方が誤解や誤った判断を避け、米側は「新冷戦」を求めず、一つの中国政策に変わりなく、「台湾独立」を支持しないと述べたと報じられている（時事通信）。

ブリンケンのいう「一つの中国」を認め、「台湾独立を支持しない」ことは、これまで共和党政権を含め歴代米政権が中国側に約束し、繰り返し言明してきたものである。

問題は、米中双方が実際にやっていることである。

アメリカ上院外交委員会はこれに先立ち、台湾への軍事支援を強化する「台湾政策法案」を賛成多数で可決した。法案には４年間で総額45億ドル（約６４００億円）規模の援助が盛り込まれており、中国は毛華《もうか》外務省副報道局長の記者会見で「断固反対」を表明した。

アメリカ上院では、共和党が台湾を「主要な非ＮＡＴＯ同盟国」として、「台湾防衛」を明確にした修正案を同委員会に提出した。共和党は支持者のタカ派的世論への思惑から、台湾をまるで独立した同盟国のように言うのである。中国当局が「台独」の陰謀として、激しく反発するはずである。

米議会では２０２２年の中間選挙で民主党が上院では過半数を制したが、下院では過半数を失った。これはアメリカ政府の今後の対中国政策にも、軽視できない影響がある。

中国はこれまでもアメリカ国内のこのような米国内の政治状況には神経を尖らせてきた。人民日報社発行「グローバル・タイムズ」２０２２年６月29日付は「危険な挑発」と見出しをつけた論評で、「共和党は下院の民主党とホワイトハウスに圧力をかけ、台湾問題で中間選挙前に法案を可決しようとしている」と危機感を表明した。

アメリカは１９７９年1月に「一つの中国」を約束して大陸中国と国交正常化したから、台湾とは外交関係がない。それにもかかわらず、半世紀近くもたって、台湾支援を強めているのである。いったいどういうことか。

共和党だけではない。バイデン政権自身が、台湾に１５５ミリ榴弾砲まで輸出し、少数ながら海兵隊を送り込んで台湾軍の訓練までしている。台湾支援は民主党のバイデン政権の政策なのである。中国が怒って当然である。

では、バイデンは中国を切り捨てるのか。

日本では「米中対立」一色で、中国の脅威にどう対応するかという議論が盛んである。もしそうなら単純明快であるが、アメリと中国の双方が、硬軟両方おりまぜて付き合っている。そこに米中関係の複雑さがある。

台湾政策の基本は曖昧《あいまい》にすること

米中両国は、バイデン・習近平の両政権下で、政治、経済、軍事、イデオロギーなどあらゆる面でますます激しく対立するようになっているように見える。米中対立の影響は、台湾海峡情勢はもちろん地球上の多くの分野に大きな影響を与えている。

けれども、アメリカの台湾政策は単純ではない。その基本は「曖昧（ambiguity）」である。

バイデンは、「（アメリカは）一つの中国という政策ではあるが、力によってそれができるとは限らない」としつつ、台湾については、曖昧《あいまい》にしたまま、深入りして言及することは避けている。ホワイトハウスの当局者によれば、バイデン発言は１９７９年の米中国交正常化の際に表明した「一つの中国」を繰り返しただけだというのである。

「一つの中国」というのと、台湾を軍事的に守るということは、互いに相容れない、別のことである。台湾問題に対して、アメリカは明確な態度を示さないが、中国軍の攻撃に対して、アメリカは手をこまねいて座視するのではないとほのめかしたのである。そこに、バイデンの狡猾さがあり、その発言が注目を集めた理由があったのだが、バイデンがあたかもアメリカは「台湾防衛」をするかのように言うのは、有権者向けのレトリックであり、台湾に高額の兵器を売りつけ軍需企業のためのサービスである。

現実には、バイデンの言明とアメリカの実力とは大きな開きがあり、台湾防衛などできないだろう。米紙「ニューヨーク・タイムズ」２０２２年９月29日付（中文版）は「太平洋艦隊の兵力、航空機、ミサイル防衛システムは、中国の能力に及ばない」と指摘する（New York Times 中文版 2022.9.29,「バイデン外交政策はアメリカの利益を危険にさらす」）。

バイデンは２０２２年７月28日の習近平との電話会談では、「一つの中国」「台湾独立を支持しない」というアメリカの立場は変わっていないと強調したが、一方で、中国の台湾攻撃があれば、台湾を防衛すると言明する。

米紙「ワシントン・ポスト」は同年７月28日付で、「中国共産党は一度も台湾を統治したことがないにもかかわらず、２３００万人が住むこの島は中国の領土であり、たとえその政府が民主的に選ばれていても、独立を宣言すれば武力を行使すると脅している」と批判する一方で、カービー大統領補佐官が「バイデンと習近平の関係は、世界で最も緊要な関係の一つであり、インド太平洋地域の最も重要な部分である」「バイデンは同意できる問題であれ、また極めて困難な問題であれ、習近平主席とコミュニケーションを確保したいと思っている」と言明したことを報じた（Washington

Post, 2022.7.28. Biden Talks with China's Xi amid tension over Taiwan)。

大統領補佐官は大統領が考えていることを語るのが仕事だから、「台湾防衛」発言も、習近平との関係は重要だというのも、バイデンの本音である。すなわちバイデンはアメリカの有権者向けのレトリックと、習近平向けのメッセージを同時に発信しているわけである。しかし、そんなことが通用するのか。

中国軍は水陸強襲揚陸演習

習近平中国共産党総書記（国家主席）が2022年10月の中国共産党第20回大会で述べた、台湾の「武力行使はけっして放棄しない」というのは、党の規約にも書き込まれた。これは台湾の武力解放は中国革命の延長として放棄せず、もし台湾が独立の動きを見せれば、武力で攻め込むという意味である。

ただ、先に述べたように、台湾の蔡英文総統は「台湾独立」とは言っておらず、同政権の主張は現状維持である。

それにもかかわらず習近平が蔡英文の主張を「台湾独立」というのは、危機感に訴えて、習政権への求心力を高める狙いもある。したがって、台湾の武力統一か、それとも平和的対話かは、言葉ではなく、具体的な条件と態度を見る必要がある。

その点で最近の状況でよくみる必要があるのは、台湾海峡の緊張が２０２２年2月24日に始まったロシアのウクライナ侵略の中でさらに強まっていることである。

米紙「ワシントン・ポスト」２０２２年3月4日付は「台湾の指導者はウクライナ侵攻による恐怖感を鎮めようとしているが、次は台湾だという心配が市民の間に広がっている」として、「ウクライナは明日の台湾だ、アメリカをはじめ他の国には頼れない」という台湾島民の声を載せた（Washington post, 2022.3.4. Taiwan's Leaders try to calm fears over Ukraine invasion, but citizens worry their island will be next）。

中国軍は台湾海峡で危険な軍事演習をますます強化しており、２０２２年8月のペロシ訪台ではそれが最高潮になった。そうして始まった演習は今後いつまでも続くという観測もあった。

日本では、ロシア軍のウクライナ侵攻が始まって、この戦争に関する書籍や雑誌などに掲載される文書には「ウクライナの次は台湾海峡」「プーチンは中国軍の台湾侵攻を支持」といった読み物が出回っている。

日本のメディアは「演習が中国の軍事活動をさらに拡大するきっかけとなり、台湾封鎖の動きが今後も繰り返されるのではないか」と指摘した（「朝日新聞」２０２２年8月1日「台湾、演習常態化を懸念」）。

実際、このようなメディアの論調を反映して、ウクライナの次は台湾海峡であり、中国軍は台湾と目と鼻の先にある尖閣諸島に攻めてくるのではないかと心配する声が小さくない。共同通信社がこれに先立つ同年3月19日に「あなたは、ロシアによるウクライナへの軍事侵攻をきっかけに、中国による台湾や尖閣諸島への武力行使を誘発すると懸念しますか、懸念しませんか」と質問したところ、「懸念する」と答えた人は75・2％にのぼった。4人に1人が、ウクライナの次は台湾だと心配したのである。「懸念しない」と答えた人は17・2％で、2割にも達しなかった。

中国軍は台湾周辺で、水陸両用の上陸演習を日常的に繰り返している。中国人民解放軍の東部戦域司令部は、台湾島周辺の海と空で実戦的戦闘訓練を続けており、その焦点は合同封鎖と合同作戦支援にある。海軍は駆逐艦やフリゲート艦を派遣し、空軍は早期警戒機やジェット戦闘機、空中給油機、電子戦争航空機などを動員している。複雑な電磁気作戦などを駆使した合同封鎖作戦を訓練しているという。

習近平政権は、それまでのウクライナ政府との親密な関係を切り捨て、ロシアのプーチン政権との関係を強めており、このような中国の動向も、アメリカとの緊張を強めている。ただ、2022年9月14日に中央アジアのカザフスタンで行われた習近平とプーチン・ロシア大統領の会談では、プーチンは中国の台湾政策を支持すると売り込んだが、習近平はロシアのウクライナ侵攻に対する態度を言明しなかった。

中国軍は台湾に攻め込むか

ペロシ米下院議長が２０２２年８月初めに東南アジア、韓国、日本を歴訪し、４日から７日まで台湾を訪問した。これに対して、中国は「武力侵攻も辞さず」と激しいキャンペーンを展開し、ミサイル発射を含む軍事演習をした。空軍の戦闘機と海軍の艦艇は実戦さながらの演習により台湾に軍事的圧力をかけた。

台湾への中国軍の圧力は、航空機や艦船によるだけではない。国営中国日報社の英文紙「チャイナ・デイリー」６月８日付は、人民解放軍が、高度の戦闘態勢をとるとともに、無人車両、ドローン、ロボットなど大量の無人装置を統合した水陸両用上陸作戦の幹部将校訓練をしていることを報じた。訓練で使用された兵器には無人偵察車両、無人戦車、自動飛行兵器が含まれる。中国軍は台湾島に上陸し、台湾軍と地上戦をするつもりであることを見せつけたのである。

中国大陸と台湾間、つまり台湾海峡の幅は１３０キロほどである。中国は台湾島のまわりに６カ所の「軍事演習区域」を作ったが、実際の演習がその範囲内に収まったわけでない。人民解放軍はすべてのミサイルが正確に目標に到達したと発表したが、５発は（日本の）排他的経済水域に着弾した（Washington Post 2022.8.10.）

中国政府は２０２２年８月３日の王毅外相談話で、ペロシ訪台に対する態度を表明した。この中で王毅は、アメリカ政府が「台独」、すなわち台湾が中国から離れて独立しようとしているのを支持し放置していると非難した。

中国軍は以前から、台湾の防空識別圏（ＡＤＩＺ）への進入を常態化させ、台湾空軍はそのつど戦闘機をスクランブル発進させてきたが、ペロシ訪台に対しては、これまでにない激しい軍事威嚇作戦に出た。その理由は、台湾の蔡英文政権が「台湾独立」をくわだてており、軍事演習はそれを効果的に阻止するということであった（China Daily,2022.8.7.「軍事演習は戦略的優位を生み出す」）。

しかし、ペロシは蔡英文政権に台湾独立を勧めるために、台湾に行ったのではなかった。１９８９年に天安門広場の集会に参加して中国当局に追われたウー・アルカイシーと台北で面会したことが示すように、中国の人権・民主主義抑圧に反対するアメリカ下院議長としての存在感を国際社会にアピールすることにこそ、台湾訪問の狙いがあった。アメリカ議会では共和党を含めて超党派の支持があり、その点でペロシ訪台は当初の目的を果たしたといえる。

台湾海峡は世界的物流の中心

台湾海峡は、いつもは世界最大級の船舶が航行する物流の中心であり、「地球上のコンテナ船団の半分と最大の船団の88％が今年この海峡を通った」とされている（Financial Times 2022.8.8. 中国–台湾の緊張は世界貿易に脅威）。

中国軍の演習に対して、アメリカ軍第3海兵師団（司令部・沖縄県うるま市キャンプコートニー）傘下の第3海兵隊は、第3海兵沿岸連隊を設置するなど、台湾海峡の戦争に参戦する態勢を強化している。同連隊は、中国軍の台湾進攻に対する臨時の戦闘拠点として、F35ステルス戦闘機や高機動ロケット砲システム（HIMARS）を展開して中国軍と対峙する「遠征前進基地作戦（EABO）を実行する部隊である。

ただ、中国軍も、台湾海峡で危険な演習をいつまでも続けられるわけではない。実際、8月4日に始めた演習は7日に終わり、8日からは台湾に「平和統一」を呼びかける通常の演習に戻った。

それではペロシ訪台に憤激して始めた軍事演習はいったい何だったのかということになる。実際、台湾生まれの民進党と違って、生まれも育ちも中国大陸の国民党も中国軍の演習に反対したように、台湾民衆の激しい反発を招いた。

中国が国際社会に見せつけたのは、外交問題に対して軍事的威嚇によって対応する習近平政権の限界であった。

ペロシ訪中に際しての中国軍演習は、日本では自衛隊の航空機や艦載機などとの偶発的衝突の可能性が新聞で大きく報じられ、自民党の佐藤正久外交部会長は「日米が台湾と連帯しないという選択肢はない」と述べた（「朝日新聞」2022年8月5日）。

佐藤自民党外交部会長は、これまでも「台湾有事の際、米本土から主力が駆けつけるには3週間ほどかかるため、最初に前線に入るのは在日米軍になる。燃料や食料の補給、輸送といった支援は自衛隊が行う公算が大きい」と、政権与党の外交責任者として台湾海峡紛争への自衛隊参戦を言明しており、軽視できない事態である（「日本経済新聞」2021年6月4日）。

台湾民衆にとってペロシ訪台とは

中国軍が台湾周辺で激しい軍事訓練を行い台湾に圧力をかけるのは、バイデン・習近平政権下でも以前から続いていることである。

これまで中国軍は台湾海峡で大規模な軍事演習を3回にわたってしてきたが、今回はいつでも、どこでもミサイルを撃ち込めることを見せつけた点でこれまでとは違った。これはもう訓練より軍事脅迫というべきものであった。中国軍の威力を台湾民衆にみせつけることで、ペロシを迎えた蔡英文政権に対して台湾の民衆が反感をもつことを期待したわけである。

それでは、台湾の民衆はこの事態にいかに対応したか。

シンガポールの新聞「聯合早報」2022年8月6日付は、台湾からの情報として、8月4日の台北市の様子を「4発のミサイルが台湾上空を飛び、連続3日間にわたって大量の軍用機と艦艇が台湾海峡の中間線を越えて、世界中が台湾海峡情勢に注目したが、多くの台湾人の生活はいつもと同じで、あわてず恐れず、ただ政府が大陸中国を挑発せず、アメリカが手を出さないことを願っている」と報じた。

記事はインタビューした台北市民の声を報じたが、その１人で65歳まで上海市で暮らしていたという店員の李登和は、市民は台湾海峡危機を平常心で見ているとして「両岸の人民はもともと兄弟で大陸とやりあうなんて信じられない」と述べた。

それでは、当局の統制下にある中国各紙は、ペロシ訪台をいかに報じたか。

中国の青年向けに北京で発行されている有力紙「北京青年報」８月６日付は、人民解放軍の軍事演習の状況を詳しく述べたうえで、台湾島を取り囲む中国軍の演習は、これからは常態化、長期化、体系化する可能性があると指摘した。

一方、「グローバル・タイムズ」８月５日付は、ペロシ訪台を阻止しなかったバイデン政権を批判しながらも、気候変動などの問題で外交的進捗があったことを指摘して、「米国の政治家は世界における米中関係とその意味を過小評価するべきではない」と述べた。

中国共産党機関紙を発行する人民日報社のこの論調は、ペロシ訪台に対して軍事力による威圧を台湾に加える一方で、米当局に対する外交的協力関係を維持する中国当局の姿勢を反映している。

台湾海峡の危機が２０２２年に入ってとくに強調されるようになった大きな理由は、ウクライナの戦争は台湾海峡に飛び火しないかという危惧が国際的にも広がっていたという事情がある。

「グローバル・タイムズ」２０２２年8月9日付は、「大陸と台湾は中国内部の問題であり、ウクライナとは根本的に違っており、ウクライナの次は台湾というのは完全に間違っているとする中国外交専門家の見解を紹介しながらも、「中米関係が誤解の危険や危機の高度の進行によりきわめて危険な時期に入っている」と警告する。

2、紛争の性格

それでは、ロシア軍がウクライナに侵攻したように、中国軍は台湾に攻め込んで、武力統一するか。中国当局の台湾政策の基本は、武力侵攻ではなく、平和的統一である。中国はこの立場を繰り返し表明している。

２０２２年9月に国連総会出席のため訪米した王毅外相は同19日、ニューヨークでヘンリー・キッシンジャー元米国務長官と会談し「台湾の本土との平和的統一が我々の最高の願いである」と述べた（China Daily 2022.9.21. US urged to adopt rational China Policy）。

王毅のこの言明については、これまでの米中対話の内容から見て信用してよい。

中国の魏鳳和《ぎほうわ》国防相とアメリカのオースティン国防長官は２０２２年6月10日、中国雲南省のシャングリラで会談し、両国間の防衛と地域の安全保障について協議した。アメリカ国防総省のホームページによれば、オースティンは現状を一方的に変更することに反対し、台湾に対して状況を不安定にしないよう求めるとともに、中国人民解放軍が米中の軍事状況を改善し、両国の戦略的危機を減らすよう取り組みを魏鳳和に要請した。

バイデン大統領がしばしば「台湾防衛」へのアメリカの関与を口にして問題になっているにもかかわらず、ここには、台湾問題をそうした軍事問題にしないよう、現状維持を中国側に求めるアメリカ軍事当局の立場が表明されている。

大統領はこれまで5回にわたって台湾防衛の発言をしているのだが、そのたびに「誰かがそれをあと戻りさせている」と、かつて太平洋軍司令官を務めたハリス元海軍長官は言う（New York Times 2022.10.6. Aiming to Give Taiwan Muscle Against China, With U.S. Weapons）。

このことは、ウクライナ戦争との関係をみてもわかる。プーチンはウクライナに対する領土的野心を軍事的手段によって満たそうとしたが、オースティンはそんなことにならないよう魏鳳和に釘を刺したのである。それに対する魏鳳和の回答は、ホームページには出ていないが、現役の国防相が否定しなかったことが世界中に発信されている以上、中国が台湾に対して軍事進攻することはできないはずである。この点は、日本では、米軍人の次のような発言がとりたてて報じられるので、重視して見る値打ちがある。

米中国防大臣の対話は何を示すか

インド太平洋軍の次期司令官に任命されたアキリーノ米太平洋艦隊司令官（海軍大将）は2021年3月23日、上院軍事委員会の公聴会で「最も危険だと懸念しているのは、台湾に対する中国の軍事力行使である」と述べ、中国の急速な軍事力強化により、台湾問題が米中の軍事的戦略的な対立点になるという見通しを示した。現場の米軍トップによる中国軍の台湾進攻の証言は、大きな衝撃をもって駆け巡り、日本でも大きく報じられた。

おりしも当時の菅義偉首相が同年4月16日に、ワシントンで発出したバイデン大統領との共同声明に「台湾海峡の平和と安定の重要性を強調する」と書いた。アキリーノ証言と結びつけて、台湾海峡で軍事紛争が起こる危険があり、その場合は日本政府が軍事的に関与するつもりではないかと報じられた。

朝日新聞6月6日付は、1面から7面にわたる特集を組み、その中で「米中危機　4つのシナリオ」として、第1の「台湾へ本格侵攻」では、冒頭で「中国は今年4月、中国初の強襲揚陸艦の就役式を、習主席も参加して実施。着上陸作戦の中核を担うとみられ、台湾侵攻への布石との見方も少なくない」と書いた。

魏鳳和《ぎほうわ》・中国国防相は同年6月、インド太平洋諸国の国防相や安全保障問題専門家を招いて開い

た会議で、「人民解放軍は台湾独立を追求する台湾のいかなる努力も粉砕する」と述べた

これに対してオースティン米国防相は「台湾に対する中国の行動は挑発的であり、情勢を不安定にしている」と表明し、魏鳳和国防相がアメリカこそ中国を中傷し封じこめるのをやめるべきだと応酬するなど激しい論争になった（Financial Times 2022.6.14.）

双方の議論は、要するに、どちらも、戦争するつもりはないからお前のほうこそ矛《ほこ》を収めよという言い合いである。ニューヨーク・タイムズの報道によれば、オースティンが「人民解放軍が危機を回避する対話に加わることが大事で、台湾海峡の現状を変えることには反対である」と言えば、魏鳳和は「それならアメリカは台湾に兵器を売るのをやめるべきだ」と言う。

そして、２人の対話は平行線だが、お互いに会って話し合うのはよいことだと確認しあって別れたという。このように軍事当局者が、頻繁に会って、双方の主張を述べあっているところに、米中関係の特徴がある

魏鳳和は、オースティンと会談する時は「かなり穏健」で、オースティンもまた「温和」にふるまうと英紙「フィナンシャル・タイムズ」紙が報じた（Financial Times 2022.6.14. China Pledges to crush any Taiwan Movement Towards independence）。

それぞれが両国の軍事力を指揮するトップとして、不必要な発言は米中両国の軍事的対決になる危険をはらんでいることを知っており、互いに核戦力をはじめ強大な軍事力を保有し、インド太平

洋地域をはじめアジア、アフリカなど地球上のあらゆる地域では覇権主義を競い合う超大国として、米中両国が戦争すればどちらが勝っても、あるいはどちらが生き残っても、互いに多大の破壊と犠牲を甘受しなければならないことは、容易にわかることである。

米軍トップはどう言っているか

いまや日本では、「台湾有事」が起こり、日本が巻き込まれればどうなるか、という議論が、盛んにおこなわれている。左右を問わず「台湾有事」が起こることを前提にした議論がまかり通っている。

例えば、読売新聞2022年10月24日付は「台湾では、中国軍の武力侵攻が現実味を増す」とし、習近平総書記（国家主席）が10月22日まで開かれた中国共産党第20回大会で「武力行使の放棄を約束しない」と明言し、改正された党規約に「『台湾独立』に断固反対し、食い止める」と踏み込んだことをあげた。

しかし、台湾海峡であれ、どこであれ米中の戦争は絶対に起こさせてはならないのである。台湾海峡で米中の戦端が開かれ場合、在日米軍が出動し、それが所属する太平洋軍司令部も、その上部の統合参謀本部も参戦することになる危険をミリーはよく知っているのである。

ミリー統合参謀本部議長は2021年6月17日、上院歳出委員会の公聴会で、中国による台湾の武力統一について、「近い将来に起きる可能性は低い」と証言した。またこの中でミリーは、中国の軍事能力について、「軍事作戦を実施し、台湾全体を支配するだけの圧倒的な能力を持つには至っていない」と分析した。そのうえで「現時点で武力統一を実行に移す動機や理由もない」と述べた。

統合参謀本部議長は、大統領の命令をうけて米陸海空・海兵隊の４軍全体の関係を調整する立場にあり、この証言は大統領をはじめアメリカ政府首脳と米軍部トップの考え方をふまえたものとみることができる。

ミリー議長はさらに、２０２１年９月28日の米上院軍事委員会でも、「米中間の戦略的安定をはかる」として、「中国軍の李作成・連合参謀部参謀長と、日常的に連絡をとりあっていた」と証言した。

この証言を報じた米紙ワシントン・ポストのボブ・ウッドワード記者は「米軍は中国を攻撃するつもりはない」と書いた。

オースティン国防長官は、さらに２０２２年10月４日に放送されたＣＮＮテレビの番組では、中国軍の台湾進攻は「差し迫っていない」と述べた。

アメリカ統合参謀本部（ＪＣＳ：Joint Chiefs of Staff）は、国防総省の中で制服組による最高の機関であり、ペンタゴン（国防総省の通称）の最高幹部により構成される。

アメリカ軍の４軍、すなわち陸軍、海軍、空軍、海兵隊に命令を出して指揮するのは、最高司令官である大統領とその専門閣僚である国防長官である。統合参謀本部は大統領と国防長官に対して軍事問題について助言する。最近は国防長官に加えて、国内安全保障評議会（Homeland Security Council）と国家安全保障評議会（National Security Council）に対しても助言する。

このように統合参謀本部を構成するのは軍人ではあるが、その議長はアメリカ軍の最高の助言者であり、重要な政治・軍事問題について大統領と国防長官に助言する。

ミリーは、トランプ大統領によって２０１９年10月に統合参謀本部議長に任命された。国防長官などの閣僚は４年毎に選出される大統領により任命されるが、これに対して軍人で構成される統合参謀本部は情報や方針の蓄積とその継続性に役立つ。このため、近い将来の中国軍による台湾武力侵攻を否定したミリー証言は、当然ながら重く受けとめられている。

では、中国はどうか。

有力紙「文匯報《ぶんわいほう》」２０２１年10月1日付は「米台の軍事連携に反対する。中国人民は眼に砂を入れさせない」と凄みをきかせながらも、「ロイター電によると、アメリカ国防次官補はこのほど、中央軍事委員会国際軍事協力事務所に電話してきた。バイデン政権の国防総省高官によれば、中米両軍関係は困難と挑戦に直面しているが、両軍はいつも通じ合っている」と書いた。

これが米中軍事関係の現実とみてよいだろう。

中国ミサイル砲撃はどう受けとめられたか

ペロシ米下院議長が訪台し、中国軍が台湾周辺にミサイルを撃ち込んだ時はアジアでいかに受けとめられたか。

シンガポールの新聞「聯合早報」２０２２年８月６日付によれば、ペロシ訪台によって台湾情勢はかつてない緊張状態に陥ったとしながらも、現地の人々はかなり冷静に受けとめたという。

同記事は楊栄文シンガポール前外相の言明として、「中国人民解放軍はペロシが台湾を離れた８月７日の後になって演習を始めたのであり、米インド太平洋軍司令部は戦闘準備態勢を完全に整え、中国もまたそのようにしていたが、双方とも開戦は望んでおらず、従って双方が情勢を完全にコントロールしていた」と書いた。

さらに同紙は次のように指摘した。米中双方ともに、情報を収集しており、相手がいかに対応しているか、発砲しないで、双方が危機の中で相手方が事態にいかに対応しているかという情報を収集していた、と。（「聯合早報」２０２２年８月６日「米中は長い競争。ペロシ訪台で中国の利益に合致しない事態に」）

一方、中国側も、共産党機関紙が台湾財政当局の次のような数字を紹介してかなり慎重である。

「台湾の大陸むけ輸出は輸出総額の42・３％、１８８９・１億米ドル、大陸の新規台湾投資は２０２１年１～11月で５９２３件で前年同期より34・７％増え、２０２１年には台湾資本の６社が大陸のA株市場に上場し、上場企業はこれで40件を超えた」(「人民日報海岸版」２０２２年1月11日付常設論評「両岸の融合発展の勢いは遮れない」)。

日本ではあまり報じられないが、中国当局は大陸中国と台湾の間の密接な経済関係の現実を認識しているのである。もちろん台湾にとっては、大陸との経済往来は重要である。

中国が示す中台統一の条件

ペロシ訪台とそれに続く中国軍演習の騒動がおさまった２０２２年8月11日になって、中国は台湾問題について「1国両制」(One country, two system)の主張を改めて表明した。

中国の見解を海外向けに発信する「グローバル・タイムズ」２０２２年8月11日付によれば、中国は「台湾問題と新時代の中国再統一」と題する白書を出して、北京のこの「善意」を受け入れようとしない台湾の与党・民進党を改めて非難した(Global Times 2022.8.11, One country, two systems to be 'recognized' by Taiwan island ; smearing of DPP authorities cannot deny goodwill of the mainland)。

また、台湾問題を扱う中国政府の役所である中央台湾弁事所の陳元豊副所長は２０２２年9月22日、過去10年、両岸の政治交流は歴史的な突破をやりとげ、両岸の対話は新たな局面を形成し、両岸の貿易と台湾の商売人の大陸への投資は顕著な伸びを示し、両岸の人事往来と各界の交流は持続的に発展しているとして、「平和統一、1国両制」を強調した。同弁事所は中台間の日常業務を処理している中国側の実務機関であり、少なくとも中台間の実情はよく知っている。ペロシ訪台に対して中国当局が示した怒りやその直後から始まった中国軍演習のようなけんか腰の態度とは別に、このように柔らかなもの腰であった。

そのうえで同弁事所の陳副所長は、「国家の主権、安全、発展の利益を確保するという前提で、台湾同胞の社会制度と生活様式などすでに獲得した到達点を十分に尊重し、台湾同胞の私有財産、宗教信仰、合法的権利は十分に保障される」と述べた（「文匯報」２０２２年9月22日［朱燁・北京報道］「『1国両制』は平和的統一を実行し、実際に存在している長所を台湾にもたらす」）。

中国当局が実務機関を通じてこのように統一促進にむけたメッセージを送っているのも、中国当局の態度を示す一面である。

もっとも台湾の人々にとっては、「1国両制」と言われても、香港では現実にこの言葉の下で、香港人が享受していた人権・民主主義が根こそぎ破壊されている以上、とても受け入れることはできないだろう。

実際、習近平政権は、台湾で現在実行されている普通選挙や自由な言論活動や選挙活動を保証するとは言っていない。

大陸と台湾は中国という1つの国が歴史的経過のなかで、政治制度の異なる2つの部分に分かれている。台湾の人々は現在を享受している、自由・民主主義、基本的人権などは誰かから与えられたものではなく、蒋介石政権による過酷な弾圧に抗してたたかいとってきたものである。大陸と台湾の統一の問題は、第5章で述べる中国大陸における人権・民主主義にかかわる問題になっているわけである。

中台関係を根本に立ち返って見る

中台関係の実体は今の時点を見ただけではわからない。長い歴史的経過の積み重ねの上に今があるからである。米中関係をみても、第4章で詳述するように、両国の首脳が激しくやりあって今にも戦争になりそうになった時もあれば、互いに抱擁し、平和と安定の方策を率直に語りあった時もある。

中国と台湾とはいったいどのような関係にあるのか。

まず、大陸中国と台湾の関係は、ロシアとウクライナの関係とは根本的に違っていることを明確にする必要がある。

後者はそれぞれが独立した国家の相互の関係である。これに対して、大陸中国と台湾は、歴史的にも政治的にも、中国という1つの国である。大陸と台湾は、中国革命の過程で中国大陸と切り離され、その後の経過のなかで政治制度の異なる2つの地域に分かれているのである。

そのことは、大陸中国と台湾の歴史を少したどるといっそうはっきりする。

中国大陸では古代より多くの王朝が交代してきたが、どの時代も台湾が外国の支配に入ったことはない。

近代になって、１８９４～95年の日清戦争後に日本政府は清政府と結んだ下関条約により清国から台湾を奪い、１９４５年の敗戦まで植民地支配をしたのだが、日本が同年８月14日に連合国に降伏し受諾したポツダム宣言により、台湾は中国に返還された。

ポツダム宣言は、第９項に「カイロ宣言の条項は、履行せらるべく、また日本国の主権は、本州、北海道、九州及四国並に我等の決定する諸小島に極限せらるべし」と記されており、１９４３年11月27日にルーズベルト米大統領、蒋介石中国総統、チャーチル英首相が署名したカイロ宣言には「満州、台湾及び澎湖島のような日本国が清国人から盗取したすべての地域を中華民国に返還する」と書かれた。

その後、中国革命の進展により、蒋介石が国民政府を台湾に移したが、革命によって生まれた中華人民共和国が台湾をふくめて中国全土を統治する権利を有している。したがって国際連合でも１９７１年10月25日の総会で中国の国連復帰が決定したことにより、台湾政府は代表権を失い、国連から退場した。

アメリカ政府は、国連によるこの決定をあらゆる方策を用いて妨害した。ニクソン大統領は中国の国連代表権回復から約３カ月後の１９７２年２月に訪中し、毛沢東主席、周恩来首相と会談したが、そこでもこの現実を認めようとせず、米中共同声明（上海コミュニケ）でうたわれたのは「アメリカは台湾海峡の両側のすべての中国人が中国はただ一つであり、台湾は中国の一部であると主張していることを認識している」というものだった。

アメリカ政府が中華人民共和国との外交関係を回復し、台湾との外交関係を終了したのは、それから7年後の1979年1月1日だった。

台湾と外交関係ある国は少なくなったが

そこで、アメリカなどと台湾とのその後の関係が問題になる。

諸外国は次つぎに台湾と断交して中華人民共和国と国交を樹立し、いまや台湾と外交関係をもつ国は太平洋とアメリカ大陸中部にあるごく少数の小国に限られている。しかし台湾はその後も多くの国々と経済・通商の関係を維持しており、いま世界で需要に対して生産が間に合わずに問題になっている半導体の生産についても、台湾はアメリカとともに大きなシェアを占めており、国際経済で無視できない存在になっている。

ラトビア、エストニアは2022年8月には、中国が10年前から中東欧で進めてきた経済協力枠組み「中国・中東欧諸国協力」から離脱すると発表した。リトアニアはすでに2021年に離脱して、台湾の窓口機関となる「代表処」を首都ビリニュスに設置しているので、バルト3国のすべてが離脱したことになる。

これにより習近平政権が進める経済圏構想「一帯一路」はロシア、ベラルーシと国境を接する東ヨーロッパで空白が生まれることになった。いずれも国内で人権抑圧を進める中国の影響力伸長を警戒してのことである。

もちろん台湾海峡紛争が米中間の戦争に発展するかどうかは、中国側の出方にもよるのであり、これに対するアメリカ政府の基本的考え方も「曖昧」（ambiguity）にして明確な方針を表明しないということである。したがって台湾に対して中国が武力侵攻するという前提にたって、この問題をみることほど大きな危険はない。

日本の右翼雑誌やマスコミなどでは、「台湾有事」が中国の既定の方針であるかのように言われているが、それは日本特有の現象だといっても過言ではない。

双方が軍事態勢を強化

「米中双方が台湾有事を念頭に軍事的挑発を強めており、偶発的衝突も否定できない危険な状況になっている」（2022年5月29日付「赤旗」）という報道もある。米空母エイブラハム・リンカーンが米海軍横須賀基地から出港すると、それと入れ替わりに、ここを母港とする空母ロナルド・レーガンが入港し、米軍が西太平洋で事実上、空母2隻態勢がとられていることに警鐘を鳴らした記事である。

一方で記事は、西太平洋の空母2隻態勢を維持する米軍が視野にいれているのは、台湾海峡にとどまらず、西太平洋から東南アジアを経てインド洋を含む地球上の広大な範囲であると指摘することを忘れない。

つまり「台湾有事」というのは、アメリカ軍が日本の基地を使って、インド・太平洋という地球上の広大な地域に出撃することの正当化をはかるための材料なのである。

実際、「台湾有事」の危険が切迫しているという観測については、米中両国の発表文や当局者の発言を検証すると、かならずしもそうでない事実がいくつも浮かびあがってくる。

たとえばペロシ米下院議長が北京空港に降り立った前日8月3日付の有力紙「文匯報」は、人民解放軍がペロシ訪台に対して実弾演習を含む強力な演習を海空で行うと予告するとともに、「米中両国が2つの大国として、正確に対処するべき道は相互尊重、平和共存、協同互恵である」と述べた。中国当局やその意向を代弁する公的メディアは、ペロシ訪台に対して「最高度に憤慨」を表明しながらも、トップの真意は割引して受け取ってもらいたいというメッセージを発信していたのである。

「文匯報」で思いだされるのは、かつて1966年に毛沢東がこの新聞に、中国共産党北京市委員会批判の記事を書かせて「文化大革命」を開始する狼煙《のろし》をあげたことである。同紙は民間有力紙ということになっているが、それだけに当局者が公式に言えない本音を書くことがある。

このような中国当局の本音は、以心伝心か、米当局者も共有していたふしがある。

オースティン国防長官は２０２１年12月４日に米カリフォルニア州で開かれた集会で演説した際には、中国軍機の台湾防空識別圏侵入などについて、将来の台湾進攻の「予行演習のように見える」と警戒感を表明する一方で、中国の軍事指導者らとの開かれた対話を「活発に追求している」と述べた。中国については、「ますます強硬で独断的になっている」としながらも、同時に「われわれは中国と対立も紛争も追求しない」と言い切った。

同じことはサリバン安全保障担当大統領補佐官も言っており、これはアメリカ支配層を代表する見解とみてよいだろう。アメリカが中国と戦争すれば、人類が破滅するほどの大惨事になることは間違いない。限定的な戦争で終わるという保証はない。

オースティンは、東南アジア諸国連合（ＡＳＥＡＮ）との協力を強調し、それを補強する仕組みとして、日米豪・インド四カ国の「ＱＵＡＤ（クアッド）」、米英豪による「ＡＵＫＡＳ（オーカス）」を挙げた。

クアッド、オーカスは、日本ではアメリカなどの同盟国が中国を念頭においた準軍事同盟と言われている。中国もそのようにみて警戒を強めている。この点でバイデン政権は使い分けをしているようである。

偶発的戦争の可能性はあるか

見てきたように、米中両国の首脳部にただちに台湾有事を起こす気がないとすれば、米中戦争の残る危険は、偶発的衝突である。それが起こるとすれば、米中いずれも戦争するつもりはないが、これだけ双方の軍事部門が相手を信用することができず、こちらがすきを見せれば攻撃してくるのではないかと疑心暗鬼によるものとなるだろう。著者の感覚からすると、その可能性は小さいというべきである。

米中双方ともに戦争発動の仕組みはシステム化されている。双方の軍事部門はきわめて密接な関係を築いてきたのであり、冷戦が終わってから、米中両国の政治関係が緊張するようになったのは、ほんのここ数年のことである。

米軍と中国軍はこれまで朝鮮戦争で戦ったことがあるが、1953年7月に朝鮮休戦協定が結ばれ、その後は戦ったことはない。

2001年には中国空軍機が緊急発進して、中国大陸沿岸に接近して飛行中の米軍偵察機を海南島に強制着陸させる事件が起きた。メディアには「米中戦争になるか」という記事もでたが、中国当局はこの米軍機による行動を「スパイ活動」と非難しながらも、パイロットを入院治療させたうえ機体とともに送還した。こうして事件は米中関係を悪化させないで、むしろ関係改善の契機になったのだった。

米海兵隊と台湾軍は共同演習をしたと、２０２１年11月に台湾海軍が公式に発表した。台湾を訪問中の米海兵隊特殊作戦コマンドによる水陸両用作戦の訓練であり、台湾海軍司令部は「定期的なもの」と発表して、中国軍侵攻に備えて緊急的に行ったものであることを否定した。

共同演習は米中が国交を回復し、台湾とアメリカが公式に断絶した１９７９年以来初めて行われたもので、バイデン政権は公式には、米中国交回復時に共同声明でうたった「１つの中国」を維持しているが、米軍が台湾軍と共同演習するようになっては、その実質は失われているといえる。

一方、中国軍についていえば、１９７９年2月にベトナムに侵攻したが、苦戦を強いられ、６万人以上が戦闘能力を失うなど、40数年にわたり実戦を経験していない。

米中関係の実質は何か

それでは、台湾問題での米中関係の実質はどうなっているか。

中国日報社が発行する英字紙「チャイナ・デイリー」２０２２年7月29日付は「台湾問題で干渉する余地はない」とした習近平発言の記事を掲げ、習近平・バイデン両首脳が28日の電話会談で台湾問題についても意見を交換したことを報じた。

同紙によれば、この電話会談で習近平は、米中関係を「戦略的競争」という言葉で特徴づけた上で、中国がアメリカの根本的ライバルで、最も重大な長期的挑戦者とあるとみるなら、それは両国と国際社会の人々に米中関係を誤って理解させることになると述べた。

要約して言えば、米中はライバルではなく、挑戦しあうような関係ではないことを、世界の人々にわかってもらいたい、そのために米中は意思疎通を十分にする必要があるということである。

3、習近平はなぜ蔡文英政権を敵視するか

そこで問題になるのは大陸中国の政治である。

中国軍はペロシ米下院議長訪台で台湾とその周辺にミサイルを撃ち込むことにより、中国当局の怒りの大きさを国際社会にアピールした。これをうけて日本のメディアなどは、中国が本気で台湾侵攻を考えていると連日キャンペーンしたが、米有力紙「ニューヨーク・タイムズ」2022年8月6日付は、中国軍の演習を「挑発的」と批判しながらも、「地球上の2つの最強国が緊張を和らげる方法を見出すことがすべての人の利益になる」と社説で指摘した。

「米中はうまくやれ」とシンガポール
これに対して中国の「グローバル・タイムズ」は、ペロシ訪台批判のキャンペーンを続けていた

２０２２年8月7日、２日前にカンボジアで行われたＡＳＥＡＮ（東南アジア諸国連合）の会合で、シンガポールのバラクリシュマン外相が「米中双方がうまくやることを期待する」と述べたことを紹介して次のように述べた。「台湾有事」が今にも起こるように言われている日本と違って、米中に注文をつけているわけである。ＡＳＥＡＮ諸国は概ねこんな調子である。

「中国の専門家は、アメリカのメディアと国際社会の声が注目に値すると考えている。通常は中国に敵対的なアメリカのメディアも、ペロシ訪台が個人的利益を国家的利益の上において、アメリカに難しい状況をもたらしたことは明らかである」

中国のメディアがペロシ訪台を激しく非難したなかで、中国共産党機関紙の姉妹新聞である英字紙「グローバル・タイムズ」が、それをアメリカの国家的利益に反するペロシの個人的行動として、バイデン政権の困難をつくりだしたとしたところに、中国当局の姿勢がうかがわれる。

米紙「ワシントン・ポスト」８月５日付も、見出しは「中国が台湾周辺で軍事演習」であるが、記事では、中国軍の激しい演習が、ペロシの台湾からの退去後に始められたことに着目して、「北京が米国と直接対立するのを避けたいと願っているシグナルかもしれない」と書いた（Washington post 2022.8.5, China launches military exercises around Taiwan）。

日本のメディアの中には米中は対立悪化を避けたという中国論者の談話を載せた新聞もあった。例えば、中国人民大学国際関係学院の時殷弘教授の次の談話である。

「（米中）双方は激しい対立と同時に、軍事衝突を避けようと慎重に行動したことを浮き彫りした。（中略）ペロシ氏を防衛する責任がある空母ロナルド・レーガンを中心とする米空母打撃群はフィリピン海にとどまり、南シナ海には入らなかった。既に深刻な双方の対立を、更に悪化させることを避けたためだろう。中国軍はペロシ氏が台湾を去った後、台湾周辺で実弾射撃訓練を実施する。（緊張のエスカレートを避けるため）間違いなく米軍とにらみ合うことはない。これはペロシ氏が台湾を訪れる前も同じことが言える。やはり米中間の戦争を防ぐことが目的だ」

そして、時殷弘教授は「台湾問題を巡って両国の間には根本的な安定が依然として存在している」と指摘する（「読売新聞」2022年8月4日「中国　米との衝突回避」）。

知られているように、中国の公的メディアは、とりわけ習近平政権下では、当局の意向にそった報道や論評に徹している。そうした中で時殷弘教授は早くから自らの見解をネットなどで発言してきた。そのためか、公的メディアに同教授が登場することはあまりない。そこで日本メディアの「読売新聞」で、対立悪化を避けたいという米中双方の本音を言ってのけたとみてよい。もっともそうした当局の本音は、大陸中国の民衆も、台湾の民衆もよく知っている。

中国軍はペロシ訪台以前から連日、爆撃機や戦闘機を飛ばし、駆逐艦などを遊弋《ゆうよく》させて、台湾海峡側からも太平洋側から、いまにも台湾に攻め込むように威嚇している。日本では、それが「防衛白書」など防衛省の宣伝に十分に利用され、日米共同作戦態勢強化や自衛隊増強の口実になっている。

時殷弘教授によれば、中国軍が戦闘機や爆撃機を台湾海峡に飛ばし、台湾島周辺機域にミサイルを撃ち込んだのは、いったい何のためだったのかということになる。

人民日報は台湾を「多難興邦」と

もともと中国側は２０２２年に入っても、台湾との融和を強調していたのである。

「人民日報海外版」同年1月1日付は「両岸貿易の成長は突出しており、両岸の経済貿易協力は阻めない」とする台湾商工界の声を紹介し、２０２１年1月から11月までに大陸への台湾の輸出が前年同期比25・7パーセント伸びたことをあげて、「両岸貿易はますます発展し、広範な台湾企業が発展の好機とみており、両岸の貿易経済協力の発展を阻むことはもうできない」と書いた。

続けて同紙1月4日付では「新しい1年、両岸関係は〝難〟から進む」として、両岸関係は民進党のために困難があるとしながらも、２０２１年に持続的に発展したのであり、「多難興邦」（国家多難の際は国民が発憤して国家を興隆させる）と書いた。

「人民日報海外版」はこのように、台湾について、国家は困難だが、民衆は元気で立派であるとしたが、中国共産党機関紙のこの見方は台湾の実情を政治的に少しゆがめて書いているので、台湾の実情について少し紹介しておこう。

台湾は、日本が日清戦争（１８９４〜95年）後の下関条約で清朝から奪い、１９４５年にポツダム宣言を受諾して中国に変換するまで、半世紀にわたり植民地として支配した。台湾支配を日本から引き継いだ蒋介石政権は戒厳令を出して、日本と変わらない圧政を行ったが、蒋介石の軍事独裁を支えていた戒厳令は１９８７年に解除され、台湾生まれの民進党をはじめ野党が１９８９年に合法化された。１９９０年には国民党の党内闘争を経て台湾出身の李登輝が政権について台湾政治の民主化が始まった。

その後、台湾では民進党と国民党の政権交代を経て、２０１６年の総選挙で民進党の蔡英文主席が勝利し、蔡英文は２０２０年の総統選挙でも再選された。

このように台湾では、政治の民主化とその下での政権交代が進み、蔡英文政権が台湾民衆の比較的多数の支持を得てきた。

このような状況の下では、中国当局が台湾に対して、いかに軍事的威嚇を加えても、台湾民衆を反発させるだけで、中台統一を促進することには決してならない。

世界が台湾の半導体に依存

台湾と大陸の経済関係は、引き続き密接である。台湾の企業は中国の沿岸地方はもちろん、河南

蔡英文台湾総統

省や湖北省など内陸部にも米系企業などと提携して工場を設置し、生産拠点をも設け、雇用拡大や経済活性化に寄与している。

台湾の企業は、各国が開発競争にしのぎを削っている半導体生産で、アメリカ企業と世界市場を分け合うまでに発展している。

アメリカのホワイトハウスのサプライ・チェーン（供給連鎖）報告によると、２０２１年には世界の先端的半導体輸入の92％は台湾の半導体製造会社からきているという。

米紙「ウオール・ストリート・ジャーナル」２０２２年6月2付は、この事実を指摘したうえで、「もし台湾が半導体の供給を拒否するなら、アメリカはどんなことになるか。我々はすべての先端的半導体の70％を台湾から買っている」という、スイスで開催された世界経済フォーラム参加者の発言を紹介した上で、「台湾は高度に集中された半導体生産についてのアメリカ当局者のますます強まる関心事である」と結んだ（Wall Street Journal, 2022.6.2. U.S. Taiwan Deepen Ties With Trade Pact, Washington Firms Ties With Taipei）。

いま台湾は、蒋介石が戒厳令によって強権的な軍事独裁をしていたのと違って、選挙によって政権が交代する民主主義が実行されている。「もし北京が軍事力で脅すなら、台湾の民衆は台湾島の分離を選択するだけだ」と米紙「ニューヨーク・タイムズ」２０２２年1月29日付は、次のように指摘する。

「台湾の90％以上の人々は中国本土にルーツがあるが、いまではますます多くの人々が、大陸とは異なる個性を受けいれている。北京のとげとげしい権威主義と台湾に対する主張は、台湾の自己主張を強めるだけである」（New York Times,202.1.29 We Are Taiwanese China's Growing Menace Hardens Island's Identity）

先に紹介した「人民日報海外版」1月1日付のように、中国の国営メディアが、台湾の政治状況に否定的見解を示しながらも、経済発展を肯定的に評価するのには、このような背景がある。これは今後の両岸関係にも影響せざるを得ない。

民進党と国民党は、ペロシ歓迎では足並みを揃えたが、両党は激しく対立しているのであって、対立は民進党が蔡英文総統をはじめ北京からの圧力に一歩も引かない姿勢であるのに対して、国民党は中国当局との関係が深いことに起因している。

「限定的協力の可能性」がいわれた時も

台湾問題は、米中が１９７９年に国交を回復した後も、両国間の紛争の最大の原因になってきた。アメリカではその直後に議会が台湾関係法を制定して、台湾に対して兵器を売り、中国側がそのつど激しく批判してきた。

１９９６年には、中国軍が台湾進攻を想定した演習を強化したのに対し、クリントン政権は米軍空母機動部隊を台湾海峡に派遣して中国軍を威嚇した。第三次台湾海峡危機である。しかし、その後、クリントン政権は、①「１つの中国。１つの台湾」「２つの中国」を主張しない、②台湾独立を支持しない、②台湾の国際組織加盟を支持しない――と中国に対して約束し、米中関係は大きく前進した。

２００１年にスタートした共和党のブッシュ政権も、当初は、中国を「戦略的競争相手」として「台湾防衛」を強調し、中国側が激しく反発したが、２００３年12月には温家宝首相が訪米し、この時、ブッシュ大統領は台湾の陳水扁総統による「台湾独立」の動きを批判し、米中間の３つのコミュニケにもとづく「１つの中国」政策に変わりはないと述べた。

また２００５年には、大統領が「台湾独立に反対する」「台湾の現状を変えることに反対する」

と表明した。これを受けて当時、中国では「米中間に台湾問題で限定的な協力の可能性さえ現れている」（「人民日報海外版」２００６年12月26日付）とさえいわれたものである。

このように、今世紀に入ってからは、中国政府も台湾に軍事進攻することなど考えてこなかったのであり、とりわけ胡錦濤政権の時代には、香港とともに、台湾の高度な自治を認めたうえで、大陸と台湾の交流を積極的に進めたのであった。

今世紀に入って台湾をめぐる米中関係を振り返ってみると、台湾問題で紛糾してきたバイデン政権下の状況は、歴史的にも異常なものであることがわかる。あとで詳しく見るように、バイデンと習近平はそれぞれがオバマ政権副大統領、胡錦濤政権副主席としてかつて米中関係に関与してきた経過があり、台湾をめぐる今の米中関係を固定的にみて、そこからこれからの東アジアの情勢を判断することが正しくないことは容易にわかる。まして、「台湾有事」などと言って米中戦争を予想し、日本がこれに備える必要があるとして、アメリカとの軍事協力強化や自衛隊増強を主張するのは、とんでもない誤りである。

4、台湾「解放」はできない

中国革命の一部ではあるが

日本政府は1945年9月2日に連合国との降伏文書に調印して、1895年いらい植民地支配した台湾を中国に返還した。これにより台湾は正式に中国の領土に編入され、例えば日本に在住する中国人は、日本の国内法においても、独立国である中国の国籍を取得し、華僑として法律上の手続きを行った。台湾は1945年9月2日いらい正式に中国領土の不可分の一部となったのである。

「台湾解放」は中国側からすれば、残された革命の一部である。1945年12月27日に中国大陸解放を宣言した中国人民解放軍は、国民党軍が逃げ込んだ台湾に進攻するために、台湾の対岸にある福建省の前線に集結していた。

それ以前は国民党の中華民国政府が中国を統治していたが、中国革命が進展するなかで、この政府は1949年8月9日に首都を南京から台北に移し、蔣介石総統は台湾に逃れた。アメリカ政府は4日前の同年8月5日に「中国白書」を発表し、中国の問題に干渉しない立場を表明した。

アメリカは1948年頃から軍事力による世界支配をめざす「冷戦政策」に転換したが、トルーマン大統領が1950年1月5日に「台湾不介入」を声明た。

その後、中国では革命勢力が中国大陸のほぼすべてを支配し、同年10月1日には中華人民共和国の建国が宣言された。

同12日にはアチソン国務長官が「アメリカの防衛線はアリューシャン、日本、沖縄を結ぶ線」と言明し、台湾をアメリカの「防衛線」に入れていなかった。

それでは、台湾をめぐって米中が激しく対立する歴史の逆転現象は、なぜ起きたのか。1950年6月に始まった朝鮮戦争である。

国民党軍を追跡していた中国人民解放軍は、台湾の対岸にある福建省の前線に集結していた。福建省の前線から最後に残った台湾に進攻しようとした時に、折から始まった朝鮮戦争にアメリカ軍が参戦して、トルーマン政権は第七艦隊を横須賀から台湾海峡に派遣して、中国軍の進撃を阻んだ。このため台湾海峡の渡航作戦を準備していた中国軍は、福建省の前線で進軍を阻まれた。このような歴史的経緯を考えれば、中国にとっては、台北の政権を倒し、台湾を中華人民共和国の一省とすることは、残された中国革命の一部といえる。

けれども、この70数年の間に、大陸でも台湾でも、政治、経済のうえでも人々の考え方のうえでも、大きな変動があった。そうした中で台湾では、この間に生まれ育った住民も多く、彼らが現状維持を望んでいることは間違いない。統治者を決める上では、何よりもそこに住んでいる住民の意思が尊重されなければならない。

中国当局は、台湾問題の「平和解決と〝台独〟は水と火が分裂する如く相容れない」とキャンペーンしている（「人民日報海外版」2022年9月26日付「王毅がアメリカ国務長官ブリンケンと会談」）。中国の政府当局と公的メディアは、台湾の蔡英文政権が「台湾独立を策している」と激しく非難している。

台湾独立となれば、台湾が中国と離れることになり、中国側は到底受け入れることはできないだろう。

しかし、台湾当局が今そうした主張をしているわけではない。蔡英文政権が主張しているのは、台湾の独立ではなく、現状維持である。現状維持と台湾独立は同じ意味ではない。現状維持は将来一定の条件ができれば、統一することが可能になるとしても、台湾問題をいまただちに解決することはできないという意味を含んでいる。

「1国2制度」の内容が問題

この住民の意思を無視して、台湾を軍事力で「解放」することができないことは、中国当局もよく知っている。

「グローバル・タイムズ」２０２２年８月13日付は、中国当局が「新時代の台湾問題と中国再統一」と題する白書を８月10日に出して、「1国２制度」を推進するとともに、中台統一後の台湾政治をいかに進めるかということについて、台湾の人々が議論することができるので統一を促進するだろうという期待を表明した。

同年８月のペロシ米下院議長訪台からしばらくして、「グローバル・タイムズ」と「チャイナ・

デイリー」に一つの案が書かれるようになった。「1国2制度」である。「1国2制度」は、中国当局が香港の統治に介入して、その自治を破壊したので、今ではその意味が全く違うものになってしまった。

しかし、本来の「1国2制度」は、中国とイギリスが結んだ香港返還協定で、1997年の香港返還後も、「香港人が香港を統治する」「高度の自治を守る」と定めたものである。中国と香港は国としてはひとつだが、制度は別であることを、中国当局が認めたのである。

香港はこの制度のもとで、民主主義と経済の繁栄が維持され、2019年11月に行われた香港区議選では民主派が85％の議席を得て圧勝した。その背景には、2017年の香港返還20周年式典で中国当局が「1国2制度は一国こそがその根幹であり、この譲れない一線への挑戦は絶対に許せるものではない」と言ったことがある。しかし、いまや中国当局は「1国」が大事であり、「2制度」のほうは葬って当然という態度である。そして香港当局に指示してそれを実行させたのであった。この背景には、大陸中国の側で、今世紀に入って積み重ねられてきた民主化への試みが、習近平体制の下で次々に覆させられてきた現実がある。

このため、中国当局が香港返還に際してイギリスをはじめ国際社会に自ら約束した「1国2制度」を習近平政権が破壊した今となっては、中国当局が台湾問題の解決策として「1国2制度」を提案しても、台湾はもちろん国際社会は受け入れないだろう。これは民主主義や国際公約に対する中国当局の態度を鋭く告発する問題になっており、第5章で改めて検討する。

台湾海峡は国際法上、各国船舶が自由に航行できる水路とはいえ、中国が台湾を不可分の領土と主張している。そうしたなかでアメリカ軍艦船が通航している。

第7艦隊司令部は、台湾海峡の通航を「自由で開かれたインド太平洋に対するアメリカの関与を示すものだ」と説明する。しかし、もし中国軍の艦船が、メキシコ湾を北上し、テキサス州ヒューストンに接近するなら、アメリカ軍がいかなる反応を示すかを考えただけでも、頻繁に繰り返されるアメリカ軍の挑発的行動の重大さがわかる。

それでは、中国側はアメリカ軍の行動に対していかに反応したか。

中国軍の東部戦区報道官は当然のことながら、米艦船が台湾海峡を通航した日に、談話を発表して「断固反対する」と述べ、人民日報社発行「環球時報」2月11日付は「アメリカの中国政策策定に影響することは避けられず、米中間の摩擦は増える趨勢にあり、これが発展すると、アメリカ国内では明らかに(中国が)受け入れ難い戦略的危険が高まる」と警告した。そのうえで同報道官は「重要なのは、このような摩擦と米中の協力関係にいかに対処するかである」と述べた。台湾問題についてのアメリカ側の挑発的行動に対しても、中国側は硬軟両様の構えである。

トップレベルの対話が頻繁に

バイデン大統領は、２０２１年1月の政権発足以来、習近平中国主席とは電話、テレビなどですでに5回会談をし、11月には対面で会談した。

日本では「米中対立」がいわれ、これまで見てきたように「台湾有事」で米中が今にも衝突するような議論が盛んだが、事実はどうなのか。バイデンと習近平の関係はどうなっているのだろうか。

米紙「ニューヨーク・タイムズ」は、ワシントンは「台湾独立」を奨励せず、これは台湾が決めることだしながらも、「１９７９年以来、台湾独立を支持しないことを北京に保証する政策をとってきた」と指摘する（New York Times 2022.10.10. United States plan to strengthening storage of arms in Taiwan.）。アメリカは台湾に高価な最新兵器を買わせているが、それは台湾独立を支持しない政策と相いれず、軍産複合体に奉仕する政権の利益に合致している。

バイデン大統領就任後、習近平との最初の電話会談は、政権発足間もない２０２１年2月11日に行われた。

この中でバイデンは、台湾独立を支持しない、中国と衝突するつもりはないと述べた。これに対して習近平は、バイデン発言を重視するとしつつ、米中関係には過去も現在も分岐があり、これからもあるだろうが、安定した米中関係は双方にとって有利だと述べた。

このようなバイデンの立場は、米軍制服組トップのミリー統合参謀本部議長の言明とも一致している。ミリーは２０２１年９月28日の米上院軍事委員会公聴会で、中国軍の李作成・連合参謀部参謀長と日常的に電話連絡していたという事実を明らかにしたうえで、それはトランプ政権下でエスパー国防長官ら幹部も了解していたのであると説明した。

ミリー証言によれば、電話をしたのは、２０２０年10月30日と21年１月８日の２回で、当時は中国がアメリカからの攻撃を懸念しているという情報があったので、緊張を緩和するのが目的だったというのである（朝日新聞２０２１年９月30日「中国へ電話認める」）。

バイデン大統領は台湾海峡紛争についての発言が揺れて、「台湾防衛」を口にすることもよくあった。それは背後にいる軍産複合体や保守的な共和党支持者を意識したリップ・サービスでもあった。習近平とバイデンは、２０２２年７月28日にも電話会談で米中関係のあり方を議論した。

会談は激しい応酬となったが、対話を継続し、対面での首脳会談の時期を模索することで一致した。ホワイトハウスの発表によると、会談の議題は、①気候変動とコロナウイルスなど健康安全問題、②ウクライナ戦争、③台湾問題の３つであった。台湾問題については、この40年以上にわたって危機を管理してきたが、両国の指導者が連絡をとりあうことが本質的に重要だと合意したという。

第２章

表と裏がある米中関係の起源

中国軍とアメリカ軍は台湾海峡で戦うか。その解答を得るためには、これまでの米中関係の全体像と歴史を知る必要がある。なぜなら、米中の関係はただ対立・抗争を繰り返しているのではなく、首脳同士、それに軍事・外交・経済などの閣僚が頻繁に会談しているからである。会議が何時間にも及ぶこともある。

その結果はそれぞれが記者会見などで公表されるが、会談で実際に何を語られたのかはわからない。多くの場合、公表されるのは結果の一部であり、重要な結論が公表されないことも、一部が次回に持ち越されることもある。

実は発表されない協議の中身が重要である。それぞれの都合に合わせて会談内容の一部を小出しする場合もあるが、それだけでは米中関係の深層で何が進んでいるかはわからない。

このため、米中関係を知るためには、現在だけではなく、時間を少し遡って、米中双方の文書を歴史的系統的に調べ、可能な限り真相に接近する必要がある。

1、「中国封じ込め」から対話を模索

米中の国と国の関係は、1899年9月6日のジョン・ヘイの門戸開放宣言に始まる。

ジョン・ヘイの門戸開放宣言が生き返る

門戸開放宣言は、清朝の支配下にあった中国に対して、アメリカが通商権や、関税・鉄道敷設・入港などの権利を求めた有名な事件である。

当時、イギリスなどヨーロッパの列強は、１８４０～42年のアヘン戦争や１８５６年のアロー号戦争などにより中国に進出して、多くの利権を清政府から奪っていた。

アメリカは１８６１～65年の南北戦争などにより対中国進出が遅れたのだったが、１８９８年のスペインとの戦争（米西戦争）で勝利してフィリピンの支配権を獲得し、アジア進出の強力な足場を獲得すると、イギリスなどと同様の権益を獲得すべく、中国に進出したのであった。

筆者（末浪）は１９１１年にアメリカ国立公文書館で、ウインストン・チャーチル英首相が「中国の新門戸開放政策の提案」と題して、１９４９年にイギリス下院で行った演説の全文を入手した。

イギリス下院のこの文書は、「中国との外交関係を開かなければならない理由」として、１８９９年９月６日に中国に門戸を開放するよう求めたのはアメリカのジョン・ヘイ国務長官であったことを強調して、アメリカが中国に対する態度を変えて、中国と外交関係を築くことを提案したものである（Winston Churchill. House of Representatives, Washington D.C. Proposed: A new open door Policy with China, 1949)。

1949年10月1日に中華人民共和国が誕生し、イギリス政府は直ちにこれを承認することを決め、イギリスは1950年1月6日に同国を承認した。アメリカはどうするのかと、チャーチルはイギリス議会で問うたのだった。

イギリスは1840～42年のアヘン戦争を皮切りに中国を侵略した張本人であり、最近まで香港を植民地としていた。そのイギリスさえ、1949年に新しい中国が生まれると、直ちにチャーチルは議会でジョン・ヘイの門戸開放宣言を引いて、アメリカはどうするのかと迫ったのだった。しかし、その後もずっと、アメリカは台湾の蒋介石政権を中国とする虚構に固執していた。いったいジョン・ヘイに「門戸開放」を要求させたアメリカはどうするのか。

チャーチルの演説から10数年を経た1960年代のアメリカ国務省の所蔵文書の中にこの文書が含まれていたのには理由がある。国務省はチャーチルの演説をホワイトハウスなど関係機関に送ったのであった。

そしてアメリカでは、外交や文化、ジャーナリストくらいは交流させたらどうかという議論が、やっと1965年になって下院で始まったのだった。

チャーチル演説と同じファイルに保存されていた「共産中国に対するアメリカの態度。公式声明用指針」と題する秘密文書では、1966年7月12日の大統領演説と同年3月16日の下院外交委員会極東問題小委員会における国務長官演説を引いて、「共産中国に対する政策を包括的に前進させる」と述べた（U.S. Posture toward Communist China Guideline for Public Statements, Confidential）。

１９４５年8月15日の日本降伏後、アメリカ政府は、中国共産党と重慶を臨時首都としていた「国民政府」の仲介者を買ってでたが、国共会談が決裂して内戦が始まると、蒋介石に武器・弾薬を供給して、同政権を支援した。内戦に敗れた蒋介石は台湾に逃れて「中華民国」を名乗ったが、アメリカ政府はこれを「中国を代表する政府」とする虚構をつくりあげた。

この異常な状態が１９７９年1月1日にカーター政権が、中華人民共和国と正式の国家関係を樹立するまで続くことになった。

大陸支配の中国政府を認めない政策は破たん

アメリカは１９４９年10月1日の中華人民共和国成立以来、台湾の蒋介石政権を重視し、大陸中国を「中共」（Communist China）や「赤い中国」（Red China）と呼んで敵視し、中国を経済的軍事的政治的に封じ込める政策をとっていた。いわゆる「封じ込め政策」（Containment Policy）である。米中両国は敵対的な関係になって非難の応酬を続けていた。

しかし、現実に大陸を支配する政府を認めず、台湾の蒋介石政権を支えるアメリカの政策は、矛盾が多く、１９６５年になると、手直しをせざるを得なくなっていた。

そこで、時計の針を１９６０年代に戻して、当時のいきさつを振り返ってみよう。というのは、米中両国が、互いに対立・抗争しながらも、水面下で意思を通じ合うようになったのは、ジョンソン政権時代の1960年代後半から、ニクソン大統領訪中に至る1970年代初めに作られたからである。

筆者（末浪）は、2005年から断続的だが、中国共産党編訳局、中国社会科学院、上海党学校などの学者・研究者と交流するかたわら、2011年にはアメリカ国立公文書館で、米中関係に関するアメリカ国務省の文書を読み、そのうち重要と思われるものをコピーして保存してきた。訪米調査の目的は日本がアメリカの深い従属関係にある秘密を明らかにすることだったが、その理由とされ、多くの国民に無視できない影響を与えている中国の問題を無視することもできなかった。そこで日米関係調査のかたわら、時間の許す限り米中関係の文書を読み保存してきた。

中華女性は化粧を愛さず、武装を愛す

1965年は、どういう年だったか。

中国では、毛沢東が「文化大革命」と言って、実権派追い落としの権力闘争を始めた。それが1965年だった。アメリカとの関係はまだ問題になっていなかった。同年9月15日には、林彪国防相の「人民戦争勝利万歳」という長い論文が「人民日報」に掲載され、その学習運動が展開されていた。

アメリカはベトナム戦争を広げて、中国にも攻め込んで米中戦争になる、その時はかつて日本軍に対してやったように、人民戦争に引き込んで必ず勝利するというのであった。北京の精華大学や上海の復旦大學では、人民服の女子学生が銃をもって匍匐《ほふく》前進する訓練を繰り返していた。女性たちの間では「中華女性は化粧（中国語で紅装）を愛さず、武装を愛す」という唄が流行っていた。

中国では、毛沢東が実権派から主導権を奪い返すために、1965年秋頃から、最初は歴史文学作品批判の体裁をとって、権力闘争を始めたが、1966年になると、紅衛兵の壁新聞による共産党批判が始まり、それは幹部のつるし上げや、さらには軍事力による「奪権闘争」に発展し、中国は事実上の内乱状態になっていった。

アメリカ国務省は、香港総領事館などを通じて、中国国内で起きている凄惨な闘争の状況について詳細な情報を集めていた。

米中間では、1955年から最初はスイスのジュネーブで始まり、まもなくポーランドのワルシャワに会場を移して大使級の会談が断続的に行われており、アメリカは動乱の中国国内の状況を詳細につかんでいた。

筆者（末浪）はアメリカ国立公文書館で、作成から30年間を経て秘密指定を解除されたアメリカ政府の文書のうち、とくに日米関係の文書を閲覧して重要なものを記録してきたが、その中で1965年の「文化大革命」の開始から、1972年2月のニクソン大統領訪中にいたるアメリカ政府の対中国政策に関する文書を保存してきた。

ワルシャワで行われていた米中大使級会談は１９６６年頃になると、具体的な問題で双方が次第に中身のある提案をするようになっていた。

１９６４年1月に発足したジョンソン政権は、ベトナム北部への爆撃（北爆）を始める一方で、中国に秋波を送り始めていた。

南ベトナムで、ベトナム解放民族戦線の攻撃に敗退を重ねたアメリカ軍は、１９６４年8月1日にベトナム民主共和国（北ベトナム）の首都ハノイや港湾都市ハイフォンを爆撃し、翌65年２月には北ベトナム各地に対する大規模な爆撃を始めた。米中両国政府は、それにもかかわらず、２国間の問題について協議を続けたのだった。

アメリカ国立公文書館で米中関係調査

こうして米中関係は、１９６０年代半ばから水面下で変化が始まり、その後はある時は互いに敵意をむき出しにし、またある時は戦略的パートナーシップをうたうほど親密な関係になっていった。

ここでは、今日のように複雑な関係はいったいどのようにして生まれたのかという、出発点になった事情を明らかにする。

その事情は歴史の書籍だけに頼るわけにはいかない。なぜなら、公にされているものは、隠された部分があまりにも多いからである。筆者がアメリカ国立公文書館（＊）に通って、日米関係を研究するかたわら、ニクソン訪中にいたる米中関係に関するアメリカ国務省の文書を読んだ理由である。

マーシャル・グリーン極東担当国務次官補は１９６５年2月26日、コロンビア大学における講演で、「我々には共産中国に直接向けた政策がある」として、「共産中国でいかなる方向への変化が起きているかはまだわからないが、毛沢東も彼の敵も一枚岩の背後では意見の違いがあり、変化の

（＊）アメリカ国立公文書館　the National Archives and Records Administration 略称ＮＡＲＡ。「情報自由法」により、歴代アメリカ政府と米４軍が作成したすべての文書が保管され、原則として公開されている。本館はワシントンＤＣにあるが、メリーランド州カレッジパークをはじめ、各地の大統領図書館など全米各地に支所がある。文書を作成した政府機関や軍司令部ごとに番号がついており、たとえばＲＧ５９は国務省の文書、ＲＧ３３１は第２次世界大戦の連合国軍司令部の文書である。カレッジパークでは、職員約３０００人が全米と在外公館から送られてくる政府作成文書を分類し、番号をつけ、ファイルし、アメリカ国内と各国の研究者などリサーチャーの閲覧に供している。文書にはTop Secret（機密）、Secret（極秘）、Confidential（秘密）、Official use only（部外秘）などの秘密指定が印字されている。

種《たね》がある」と述べ、アメリカへの中国の態度に変化が起きる可能性があることを示唆した（Address by Mr. Marshall Green Deputy Assistant Secretary of State for Far Eastern Affairs before the Princeton University Conference, Princeton, New Jersey 1966.2.26 Communist China as a Problem in U.S. Policy）。

次いでアメリカ国務省のリード国務長官代理が「平和・軍縮を促進することに興味があるという北京の動きを歓迎する。ドアは開かれている」と述べた（Memorandum for Mr. Bromley Smith, White House 1966.3.25）。１９６６年3月25日だった。

アンナ・ストロング女史のメッセージ

当時、ジョンソン政権は、中国（国務省文書ではCHICOM中共）に国務省が１９６５年12月11日に学者、記者、医者の中国旅行制限を解除した。１９６６年3月には、中国の情報を収集するために、モンゴルとの国交を開いた。同年6月には国務省は、中国に対して交渉や接触をしようと提案した（末浪靖司「日中貿易促進会の歴史的役割」『日中貿易促進会―その運動と軌跡』２０１２年10月1日、同時代社、67頁）。

１９６６年3月24日には、リード国務長官補佐官が社会行動科学者からの大統領への進言について、ホワイトハウスに提出したアメリカの中国政策に関する同年3月19日付覚書で、「大統領はアメリカが共産中国に脅威を与えず、世界とのいっそう豊かな関係に導くことを考えている」として、

「北京が平和と軍縮に興味をもっているという兆候を歓迎しよう」と進言した（Memorandum for Mr. Bromley Smith , White House, Subject: Letter to the President from Donald P. Ray on United States China Policy, POL, CHICOM-US,）。

アメリカ国務省は１９６６年5月11日には、北京在住ルイ・アンナ・ストロング女史が有力紙「文匯報」に「中国と米中戦争」と題して書いた文章を香港領事館から航空手便で受け取った。そこには、北京はアメリカと戦争を始めるつもりはなく、自国の国境外には一兵も軍隊を送っていないと書かれていた。「米中戦争必死」「米中はいかに戦うか」といった本が、日本の書店に氾濫していた頃である。

ストロング女史はまたこの中で、「我々はこの16年間アメリカの攻撃を待っていた」としながらも、「中国は戦争を望んでおらず、中国は一兵も国外に送っていない」という陳毅外相のメッセージを伝えた。

ストロング女史は、毛沢東を含め中国政府高官と深い関係を持っていた。中国指導部の意向をふまえて、ワシントンにメッセージを送ったものとみられる（Airgram, from Amcongen Hong Kong to Department of State, 1966.5.11, Subject : Arna Louise Strong on Possible Sino-U.S. Conflict, Limited Official Use）。

米軍のベトナム戦争に中国は

ワシントンの国務省がワルシャワの米大使館に指示を与えるために発信した極秘公電は、1966年当時、南ベトナムで殺戮の戦争を続けていたアメリカが、中国との関係を改善することを目指したものだった。

当時、世界各地でベトナム侵略反対の世論と運動が大きく広がっていた。アメリカ政府は中国との関係を利用して、ベトナム反戦の世界的潮流に対抗しようとしていた。

国務省が1966年3月25日の日付でホワイトハウスのブロムリー・スミスに送った覚書は、大統領に中国の体制を覆す意図はなく、中国を束縛するつもりもなく、中国と実りある関係を築くつもりであり、ラスク国務長官は3月20日にCBSテレビでこのことを強調したと述べたと書いた（Memorandum for Mr. Bromley Smith the White House, Subjects: Letter to the President from Donald P. Ray on United States China Policy, 1966.3.25 Pol CHICOM－US）。

その間にも、東京の大使館からは、日中関係に関する情報が次々に寄せられた。1966年3月28日には、日本共産党の宮本顕治書記長が北京で中国共産党と会談して共同コミュニケについて周恩来副主席と合意したが、ハノイ、ピョンヤンを訪問して、そこで受けたような歓迎を、中国側が拒否したと報告してきた（Incoming Telegram, Department of State, from Amembassy Tokyo. To Secstate WasDC, 1966.3.28, Confidential, Pol 7, Japan, Pol. Chicom--Japan）。

ラスク国務長官の中国情報は日本が頼り

香港のアメリカ領事館は１９６６年5月11日付国務省あてＡＩＲＧＲＡＭ（航空手便）では、混乱状態の中国が国外に軍隊を送る余裕はなく、戦争するつもりがないことを国務省に報告した。

当時、アメリカ軍は同年4月1日にサイゴンの米軍将校宿舎が南ベトナム解放軍により爆破された報復と称して、ハノイ、ハイフォンを爆撃するなど、戦争を北ベトナムに拡大していた。中国がベトナム戦争に介入しないこと知って、安心して戦争を拡大できたのだった（AIRGRAM 1966.5.11, From AmCONGEN Hong Kong to Department of State, Subject: Anna Louise Strong on Possible Sino-U.S. Conflict .Confidential）。

それから4カ月後の１９６６年9月6日、ラスク国務長官は東京の在日米大使館あてに送った秘密公電の中で、日本の外務省、新聞社、旅行者は中国当局と緊密な連携をとっているとして、中国の状況について可能な限り、情報をとって報告するよう指示した（Outgoing Telegram, Department of State, Amembassy Tokyo priority 1966.9.6, pm6:45, Pol 7 Japan, PoL. CHICOM）。

ラスクは、日本政府がサンフランシスコで平和条約と日米安保条約・日米行政協定を結んだ当時から国務次官補として日本問題に精通していた。また日本の外務省は１９５０年代から、中国在留日本人の帰国事業や日中通商関係に深く関与しており、中国情勢について詳しいことをよく知っていた（末浪靖司『対米従属の正体』高文研、２０１２・６・10、１２６頁「ラスク・レポート」）。
ベトナムでは、１９６７年秋に南ベトナム解放民族戦線が南ベトナム全土の５分の４を解放するまでになった。

ラスクの極秘公電は語る

アメリカ国務省がワルシャワの米大使館にあてたラスク国務長官の極秘公電には、この会談で議論された多くの問題が書かれている。その中にはベトナム紛争（Vietnam conflict）についての記述もあり、アメリカは北ベトナム政府を破壊するとか変えるとかするために北ベトナムに侵入するつもりはなく、戦争を広げて貴国（中国のこと―引用者）を攻撃するつもりもないと述べた、と書かれていた（Outgoing Telegram Department of State, to Amembassy Warsaw, 1966.11.8 Secret , POL CHICOM–US Pol.17 room–Politics, ）。

１９６５年秋の国連総会では、アメリカ政府は中国代表権回復阻止に全力をあげており、同年11月の国連総会ではこの問題の票決には3分の2以上を必要とする「重要事項方式」を賛成56、反対49、棄権11で強行した。

次いで国務省は１９６６年10月9日、マクナマラ国防長官の南ベトナム訪問が、戦争屋の弱さと戦争拡大を示唆するものとした中国側コメントを伝える香港領事館発の部外秘公電を受け取った

（Incoming Telegram, Department of State, 1966.10.19, from ANCONGEN to Sectary of State, Subject: Peking on President's Trip, RG59,）。

アメリカはケネディ政権当時から、ソ連や中国とは戦争せず、アジアではベトナム、ラオス、カンボジア、中東ではイラクなどに攻撃を集中する「各個撃破」と言われる政策をとっており、１９６６年になると、「文化大革命」下の中国との融和をさらに求めた。

１９６６年11月、ラスク国務長官は、ルーマニア・ブカレストの大使館に対して可能な限り事前に情報を送るよう指示した（Outgoing Telegram, Department of State,1966.11.8, 1966.11.8, Secret,）。ラスク国務長官がこの間、中国側との会談を探求した理由の一つには、ベトナム情勢があった。アメリカ軍は１９６６年12月２日、ハノイの人口密集地を爆撃し、アメリカ国内をはじめ国際世論から厳しく批判された。ベトナム駐留アメリカ軍は１９６７年１月９日には47万３０００人になったと米国務総省が発表した。

国務省の１９６６年12月21日付「高級米中会談の意味」と題する極秘文書は、中国共産党と大使級会談を延期してでも、北京がより高いレベル（副国務次官または国務長官）の会談を受け入れるなら、それは中共がアメリカとの衝突を避けりようとしていることだと分析し、会談は延期されている米中間の通信線を発展させることになると述べた。

そのうえで、アメリカ国内ではそうした動きが、共産中国と接触しベトナム問題の平和的解決を求める政府の努力を反映するものとして、恐らく大多数の国民に歓迎されるだろうとした。
問題は台湾、すなわち中華民国との関係であるが、アメリカ政府が中国との関係をうまく処理することにより、受け入れられるという楽観的な見方をしていた（Imprecations of a Higher Level Sino-US Meeting.1966.12.21. Secret）。

１９６７年12月27日、国務省はワルシャワのアメリカ大使館に打った公電で、米中両国の医者、学者、科学者、新聞記者、その他個人の旅行、科学的その他のデータ、情報、材料の交換、両国の農業発展に役立つ農業サンプルの交換、公海での事故の共同調査、軍縮と核兵器管理などについて、措置をとることを中国側と協議するよう指示した。

ラスクはその目的について、公電の中で、第１に、米中両国政府が徐々に相互理解を深め、両国間にある障害と敵意を除くこと、第２に、両国の国家的利益に関する緊急で重大な問題について実務的で率直な話し合いをすること、そして、第３に、互いに役立つと思われるその他の問題について、お互いの見解を交換する機会を作ることをあげた（Outgoing Telegram, Department of State, 1967.12.27, From Rusk to Amembassy Warsaw Confidential,）。

ラスクは、中国に対してこのように米中両国間の関係改善策を具体的に提案したが、毛沢東が始めた「文化大革命」は、この頃、１９６７年には各地の共産党機関を攻撃・破壊する「奪権闘争」に発展し、林彪国防相は抵抗する共産党組織に対する攻撃を命令した。このため、四川省など各地で抗争する相手陣営の集団を殺戮することを含めて凄惨な武力抗争が起きていた。アメリカ国務省は中国内部のそうした情報を、中国国内に配置した集団から情報を収集していた香港領事館などからの通報によりかなり的確につかんでいた。

１９６８年1月22日付ＡＩＲＧＲＡＭは、「文化大革命」が始まって18カ月が経過した中国では、１９６７年からの内戦状態がさらに深刻化し、毛沢東は反対勢力撲滅のためさらに凄惨な武力弾圧を強化していることを伝えていた（AIRGRAM 1968.1.22, From AmCONGEN Hong Kong to Depart of State, Subject: Communist China — U.S. Policy Assessment, Confidential）。

「文革」下でもワルシャワ協議は続いた

中国国内が「文化大革命」の大混乱だったにもかかわらず、ワルシャワでは大使級の米中会談が続けられていた。

ラスクは１９６８年2月22日にジョンソン大統領に提出した「対中共政策」と題する極秘覚書で、混迷を深める中国国内情勢や中ソ関係を分析したうえで、それまでの旅行・貿易制限緩和がアメリカの安全を妨げることなく有効に機能しており、北京を刺激せず紛争にならないように、とりわけ中国との国境付近での軍事活動を抑制することを勧告した。

そのうえで、ベトナムその他に対する軍事行動をとるうえでは、中共のことを考える必要があるとする一方で、今のところこの点について明白な危険があるとは考えられず、新たな行動はこの点を考慮して増やしたらよいと述べた。

同時に、ラスクはこの中で、台湾問題については直接できることは今のところないとして、［米中］双方がこの現実について暗黙の了解するように徐々に働きかけることが、我々の利益になると述べた（Memorandum for the President 1968.2.22, Subject: Policy Toward Communist China, By Dean Rusk, Secret[, Pol Chicom-US, Secret,)。

国内における反対派との激しい闘争に明け暮れていた毛沢東は、ジョンソン政権下で老練な政治家であるラスクの周到な政策により、こうしてアメリカに引き寄せられていったのだった。

しかし、中国に対するジョンソン政権の働きかけがまだ成果を生み出せない中で、全米と世界中でベトナム戦争反対の戦争と世論は大きく広がり、ジョンソンは１９６８年3月、次期大統領選不出馬を発表せざるを得なかった。米軍はベトナム侵略戦争をさらに強化し、翌１９６９年２月にはベトナム派遣米軍は、54万９５００人に膨れ上がった。

この頃、香港のアメリカ領事館は、「文革」下の中国の状況を詳細に掌握して、国務省に報告していた。

例えば、１９６８年1月22日に航空手便で送った文書では、「18カ月間の文化大革命の重大さを評価する」として、劉少奇、鄧小平のような毛沢東の政敵が追放されるとともに、学生は学校に行くが授業はなく、労働者は工場に行くが仕事はなく、毛沢東の「人民戦争」論とは逆に、人民解放軍の道義は戦闘能力を失うほどに落ちたと報告した（Airgram. From AmCONGEN Hongkong to Department of State, 1968.1.22, Confidential.）。

それでも、アメリカはワルシャワで中国側と連絡を取り続けた。そして、引き続き「文革」で混迷を深める中国情勢をさまざまの手段により掌握するとともに、中国との関係維持に努めた。

１９６８年2月22日にラスクが大統領に提出した「対中共政策」と題する極秘報告の添付文書は、中国では「人民解放軍が防衛任務に加えて国家の政治任務を与えられた」と書くとともに、「アメリカに対する北京の態度」という項目を設け、北京はいくらかの犠牲を払っても、ワルシャワにおけるアメリカとの大使級の関係を開いたままでアメリカとの接点の維持を優先させることは明白であると楽観視していた（Memorandum for the President, Subject: Dean Rusk: Policy Toward Communist China, Appended Papers: Situation in Communist China and United Stares Policy Alternatives. Secret, 1968.2.22.）。

中国では１９６８年に入ってしばらくすると、各地に設立された革命委員会によって紅衛兵の動きは抑えられ、毛沢東・周恩来主導下で秩序が少しずつ回復するようになった。アメリカ国務省はこのような中国の動について精力的に情報を集めていた。

一方で、１９６８年2月22日付極秘報告は、中国指導部がこれまで野放しにしてきた政治的反対派を管理下に置こうとしていると分析したうえで、北京の政策はワルシャワの米中大使級会談を一定の政治的コストを払っても開いたままにしており、明らかにアメリカと連絡をとりやすいようにしていると大統領に報告した（Memorandum for the President, 1968.2.22, Subject：Policy Toward Communist China ,Secret :Situation in Communist China and United States Policy Alternative）。

2、ニクソン訪中をいかに合意したか

アメリカ国務省は１９７０に入ると、米中高級会談への動きを活発化させた。

ロジャーズ国務長官は「米中会談のアメリカの戦略」と題する１９７０年3月４日付極秘報告書で「中国側がワルシャワ会談で、より高いレベルの会談を設定することに喜んで『善意』を示すかどうか注目している」と報告した（William F. Rogers, US Strategy in Current Sino-US Talks Strategy, 1970.3.4, Secret）。

マーシャル・グリーン極東担当国務次官補は１９７０年3月5日に国務長官に送った極秘公電で、中国は一方で台湾問題を抱えているが、ソ連と対立する目的に役立つように、我々（アメリカ）との議論を役立てたいはずであると指摘した（Memorandum from EA・Marshall Green to The Secretary , 1970.3.5,　Subject : How to Deal with the Question of a Higher -Level Meeting with the Chinese -Action

Memorandum)。

国務省は３月10日に大統領に極秘文書を提出して、中国側が１９７０年２月20日の会談で「より高いレベルの会談」の米側提案を受け入れると回答してきたと報告した（Memorandum for the President. 1970.3.10, Subject: A Higher-Level Meeting with the Chinese, Secret）。

こうして米中協議は１９７０年代に入って、首脳会談への階段を上ることになった。台湾問題を含めて協議するためには、「より高い大統領レベルの会談」というのが北京の意向であった（Memorandum for the President. 1970.3.10, Subject : A higher-level Meeting with the Chinese, Secret Pol China-U.S.）。

エリオット国務長官代理は１９７０年３月21日、ホワイトハウスのヘンリー・キッシンジャー大統領補佐官に「次回ワルシャワ会談の日程」と題する覚書を送り、その中で、台湾の蔣経国副首相の訪米日程も勘案して、スタッセル大使による次回米中会談を４月８日に行うことに同意を求めた（次ページに関連資料を掲載）。これに対してキッシンジャーは直ちに返書を送り、次回米中会談を早めるよう求めた（Memorandum for Mr. Henry A. Kissinger, White House , 1970.3.21. Pol. Chicom）。

キッシンジャーが北京に飛ぶ

ニクソン政権が台湾と連携を取りながら、その一方で中国との関係をいかに重視していたか、そ

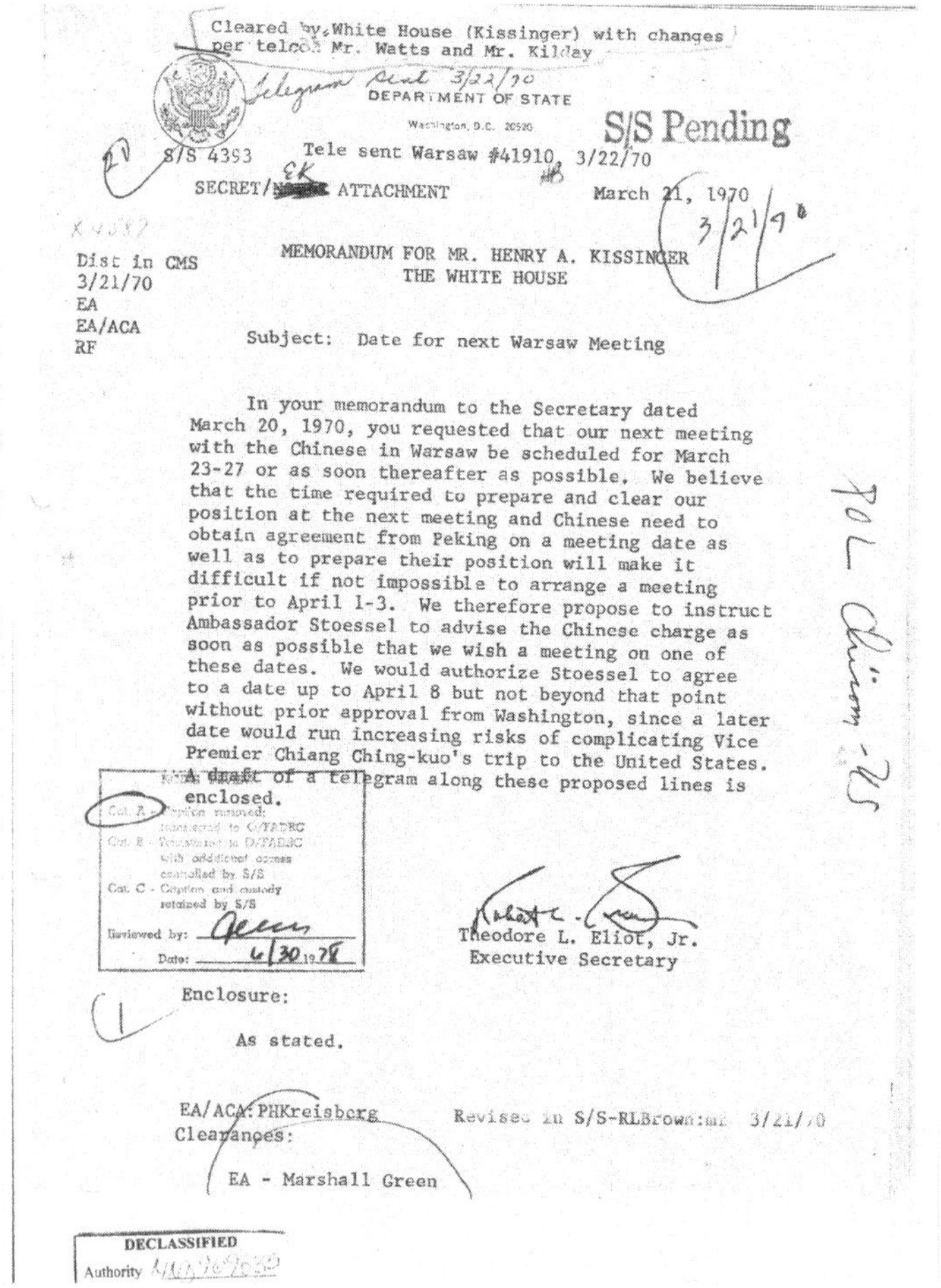

Cleared by White House (Kissinger) with changes per telcon Mr. Watts and Mr. Kilday

Telegram sent 3/22/70

DEPARTMENT OF STATE

Washington, D.C. 20520

S/S Pending

S/S 4393 Tele sent Warsaw #41910, 3/22/70

SECRET/[redacted] ATTACHMENT March 21, 1970

Dist in CMS
3/21/70
EA
EA/ACA
RF

MEMORANDUM FOR MR. HENRY A. KISSINGER
THE WHITE HOUSE

Subject: Date for next Warsaw Meeting

In your memorandum to the Secretary dated March 20, 1970, you requested that our next meeting with the Chinese in Warsaw be scheduled for March 23-27 or as soon thereafter as possible. We believe that the time required to prepare and clear our position at the next meeting and Chinese need to obtain agreement from Peking on a meeting date as well as to prepare their position will make it difficult if not impossible to arrange a meeting prior to April 1-3. We therefore propose to instruct Ambassador Stoessel to advise the Chinese charge as soon as possible that we wish a meeting on one of these dates. We would authorize Stoessel to agree to a date up to April 8 but not beyond that point without prior approval from Washington, since a later date would run increasing risks of complicating Vice Premier Chiang Ching-kuo's trip to the United States. A draft of a telegram along these proposed lines is enclosed.

Cat. A - Caption removed; transferred to O/FADRC
Cat. B - Transferred to O/FADRC with additional access controlled by S/S
Cat. C - Caption and custody retained by S/S
Reviewed by:
Date: 6/30/1978

Theodore L. Eliot, Jr.
Executive Secretary

Enclosure:

As stated.

EA/ACA:PHKreisberg Revised in S/S-RLBrown:mr 3/21/70
Clearances:

EA - Marshall Green

DECLASSIFIED
Authority

極秘、国務省からキッシンジャー大統領補佐官へ、1970年3月31日付覚書

主題：次回ワルシャワ会談の日程

電文抜粋「長官への1970年3月21日付覚書で、貴殿は次回のワルシャワにおける中国側との会談を、3月23～27日か、あるいはその後できるだけ早く行うよう要求された。次回の会談でわが方が態度を明確にするためには、時間が必要であり、また中国側も、北京から同意を得る必要があると考えている。」

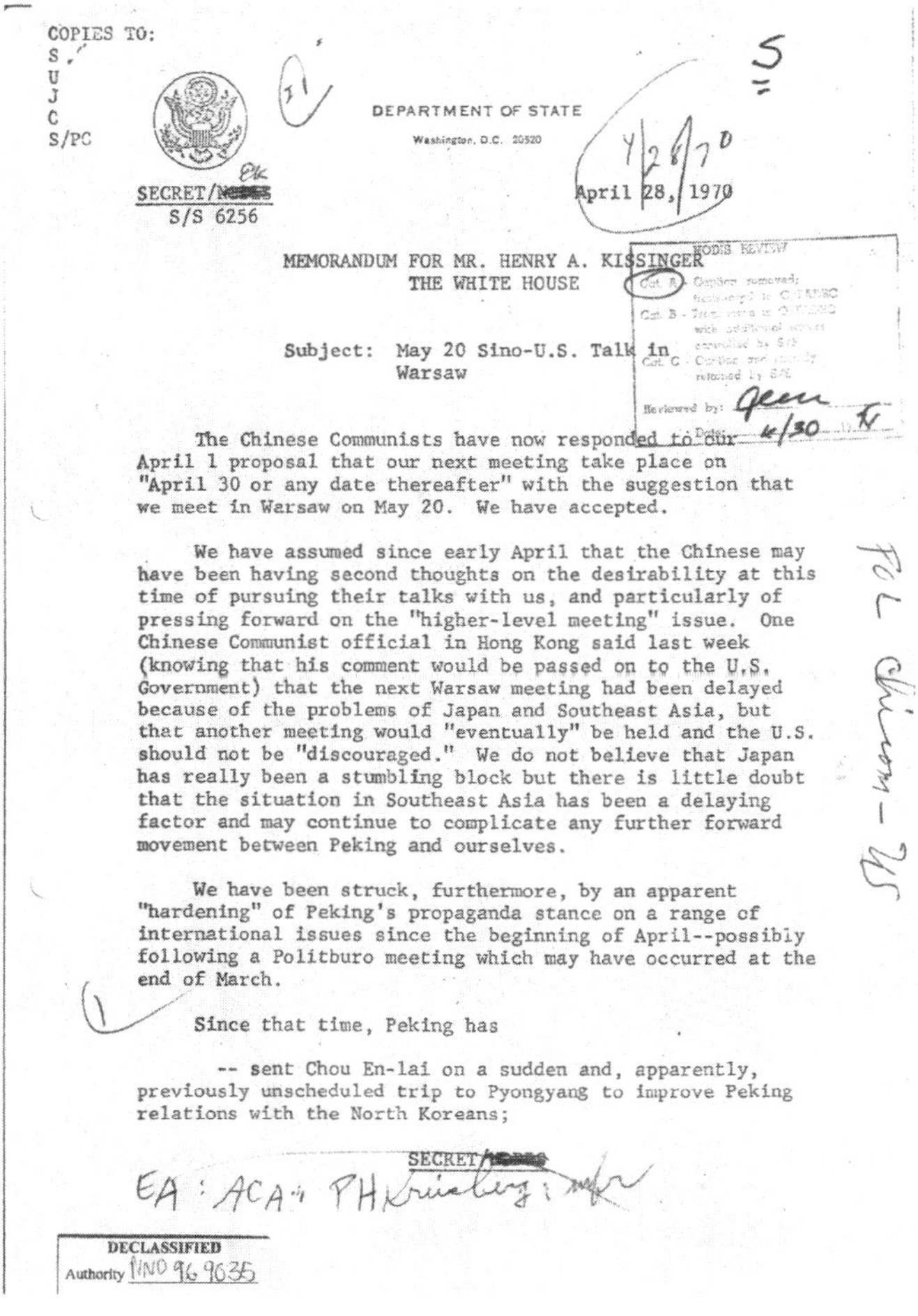

COPIES TO:
S
U
J
C
S/PC

DEPARTMENT OF STATE
Washington, D.C. 20520

SECRET/EX
S/S 6256

April 28, 1970

MEMORANDUM FOR MR. HENRY A. KISSINGER
THE WHITE HOUSE

Subject: May 20 Sino-U.S. Talk in Warsaw

Reviewed by:
Date: 4/30

The Chinese Communists have now responded to our April 1 proposal that our next meeting take place on "April 30 or any date thereafter" with the suggestion that we meet in Warsaw on May 20. We have accepted.

We have assumed since early April that the Chinese may have been having second thoughts on the desirability at this time of pursuing their talks with us, and particularly of pressing forward on the "higher-level meeting" issue. One Chinese Communist official in Hong Kong said last week (knowing that his comment would be passed on to the U.S. Government) that the next Warsaw meeting had been delayed because of the problems of Japan and Southeast Asia, but that another meeting would "eventually" be held and the U.S. should not be "discouraged." We do not believe that Japan has really been a stumbling block but there is little doubt that the situation in Southeast Asia has been a delaying factor and may continue to complicate any further forward movement between Peking and ourselves.

We have been struck, furthermore, by an apparent "hardening" of Peking's propaganda stance on a range of international issues since the beginning of April--possibly following a Politburo meeting which may have occurred at the end of March.

Since that time, Peking has

-- sent Chou En-lai on a sudden and, apparently, previously unscheduled trip to Pyongyang to improve Peking relations with the North Koreans;

SECRET/

EA:ACA:PHKreisberg:mfr

DECLASSIFIED
Authority NND 969035

極秘、国務省からキッシジャー氏へ、1970年4月28日付覚書

主題：ワルシャワでの５月20日の米中会談極秘

中国共産主義者は､次回会談を４月30日に行うか､５月20日にワルシャワでいつでも会うというわが方の提案に応じてきた。中国側はこの時期にわが方との会談を追求すること、とくに「より高いレベル」の問題に進めることが望ましいと考えのだと考える。（以下略）

して中国側もすでにこの段階で積極的に動いていたことがわかる。

結局、ワルシャワでの米中大使級会談は1970年5月20日に行われることになった。

ニクソン大統領の補佐官だったヘンリー・キッシンジャーは、1971年7月9日早朝、パキスタンから秘密裡に北京に飛んだ。周恩来首相との会談でニクソン訪中の段取りをつけて発表したキッシンジャーの記者会見は、世界を仰天させた。

キッシンジャーによれば、周恩来は夕食の席で「中国が官僚化の恐怖と過度なイデオロギー上の情熱の狭間に立たされた有様を説明した」という（ヘンリー・A・キッシンジャー『キッシンジャー秘録③「北京へ飛ぶ」小学館・1980年3月25日・197頁）。

周恩来がキッシンジャーに言った「中国の官僚化」というのは、中国共産党とその政府の強大な官僚機構を指している。この頃、毛沢東は中国共産党と中華人民共和国の主席として最高の地位にあったが、その権力を自由に使えるようにするためには、「文化大革命」「奪権闘争」と称して、無数の党官僚を打倒し追放しなければならなかった。そのために最初にやったのは、「紅衛兵」（共産党を守る赤い兵士）に党官僚を攻撃させることであり、次には軍隊を使って中央・地方の党機関を破壊することだった。

首相として官僚機構のトップにいた周恩来は当初、紅衛兵の暴力に抵抗し、「2、3日、自分のオフィスに閉じ込められた」と語った。しかし、それが毛沢東の命令であることを知って、「過度のイデオロギー上の情熱」に身を任せた、とキッシンジャーに語った。

周恩来はかって中国共産党が蒋介石の軍隊と戦っていた頃、モスクワ（コミンテルン）の指令を受けて、それを中国で忠実に実行していたが、中国の現実を無視した指令を実行しても、ことごとく失敗し、犠牲が少なくなかった。「赤軍」と自称した中国共産党軍隊が江西省の革命根拠地を放棄して、陝西省延安に向かった「長征」の中で、周恩来は毛沢東に指導権を渡し、その後は毛沢東の命令の忠実な執行者となっていた。

周恩来がキッシンジャーを迎えたのは、中国の「10年にわたる内乱」と後で総括された「文化大革命」の最中であった。

中国英字紙が書いた妥協の中身

ニクソン大統領一行を乗せた飛行機は1972年2月21日、上海の空港に到着して喬冠華《きょうかんか》外相の出迎えを受けた後、北京に飛び、ニクソン、キッシンジャーは同日午後、中南海で毛沢東と会見した。中南海は、明時代に建てられた広大な紫禁城の一角にあり、革命により権力を得た中国共産党首脳はここを邸宅や仕事場としていた。

ニクソン訪中当時、アメリカは「本土反攻」を叫ぶ台湾の蒋介石政権を政治・軍事・経済などあらゆる面で支援していた。台湾問題の扱いはニクソン訪中の重要な焦点になり、会談は1週間にわたる長丁場になった。

アメリカ側は「台湾海峡の両側のすべての中国人が中国がただ一つであると主張していること、および台湾は中国の一部であることを認める、アメリカ政府は、この立場に異論を述べない」といいながらも、台湾との関係を維持する立場に固執した（『キッシンジャー秘録』④「モスクワへの道」205頁）。

それから約半世紀後の2021年になって、中国日報社が発行する「チャイナ・デイリー」4月26日付は、ニクソンと毛沢東・周恩来の会談でアメリカ側通訳を務めたチャールズ・フリーマンのかなり長い手記を乗せた。

フリーマンはその中で、「一つの中国、一つの台湾」「一つの中国、二つの政府」「二つの中国、独立台湾」というさまざまの言葉から、「台湾の状態は決定される」という言葉を生み出すことによって、現に分かれている中国を再統一するのだというニクソンの言い方を中国側は受け入れたと書いた。

つまり、いずれ北京と台北が統一されるとしても、どちらが、どのように統一するのかは曖昧にして、2つに分かれている現実を北京に受け入れさせたというのである。

これでいくと、台湾海峡の両側が「中国は一つと言っている」というのは、北京と台北の主張の両論併記で、双方が自分の都合のよいように解釈できることになる。

当時、毛沢東や周恩来は、いかにソ連との対立が激しかったとはいえ、今からみれば、そこまで柔軟だったのかと驚きを禁じ得ない。しかし、中国政府直営の英字新聞は、彼らとニクソンの会談を通訳した当事者が書いたものを、習近平政権下の今になって掲載したのである。アメリカ政府に対する中国当局の姿勢が、ここにも現れている。

フリーマンはまたこの中で、１９７８年12月に中国共産党第11期中央委員会第３回全体会議が「改革開放」の道に入ることを正式に決定したことを、「第２の革命を開始した」と書いている。中国が市場経済の道に踏み出したことは、中華人民共和国成立と並ぶ中国の「革命」、すなわち根本的転換だというのである。いまや近いうちに、ＧＤＰ（国民総生産）でアメリカを追い越そうという中国当局の本音である。

フリーマンによれば、中国が毛沢東死後2年目に、鄧小平の下で市場経済の道に踏み出したのは、１９４９年の中華人民共和国建国につづく「第二の革命」だが、その道はすでに１９７２年のニクソン訪中によってつけられていたというのである。

当時、毛沢東はソ連共産党と激しく争っていた。ニクソン受け入れは、毛沢東の対ソ戦略でもあった。

一方、ニクソンは、泥沼に陥っていたベトナム戦争の窮地から抜け出すために、不倶戴天《ふぐたいてん》の敵であるはずの毛沢東と手を握ることを考えたのだった。

キッシンジャーは、当時のベトナムについて、周恩来は「利害が共通しているとはいわなかった」と書いている。平和を願う世界の人々がベトナムを支援していたなかで、当時からの毛沢東や周恩来の本音だった（＊）。

3、台湾問題で妙案を書いた上海コミュニケ

こうして中国の「文革」を観察しながら、中国への接近をはかったアメリカの取り組みは、1969年1月に就任したニクソン大統領の下で毛沢東との首脳会談に向けて急速に進展した。

アメリカ国務次官補の提案

ニクソン政権下での米中の実務的な協議は、毛沢東が中国共産党官僚との闘争に打ち勝った後、1970年になって始まった。同年1月20日のワルシャワでの大使級会談では、双方が接近する意思表示をした。

国務省が1970年4月28日付で、キッシンジャー大統領補佐官に送った極秘の覚書は、4月30日かその後に次の会談をしたいという米側の提案に対して、中国側が「5月20日にワルシャワで会

おう」と示してきたことを報告した。すでにこのとき中国側は「より高いレベルの会談やりたい」という希望をもっていたと国務省の文書は書いた（83ページに、国務省がキッシンジャーに勧告した極秘文書写真版）。

この頃、国務省が最も心配していたのは、やはりベトナム情勢であった。国務省のこの極秘文書には、「東南アジア問題をワルシャワ会談と切り離すべきである」とし、そうすることにより、米中会談でこの問題がでてくることを避け、キシンジャーが4月7日に周恩来に送った書簡に対して、中国側が好意的な対応をして、たとえ問題がでてきても、引き続き2国間の問題に焦点をあてると

（＊）当時、アメリカ国内をはじめ世界の各地で「ベトナム戦争反対」「ベトナム人民支援」の集会が開かれており、筆者（末浪）は1968年8月にブルガリアのソフィアで開かれた「ベトナム支援」のための集会に参加した。ベトナム人民支援は世界中の青年たちの合言葉でもあった。ソフィアで開かれた集会には軍服を着たベトナムの青年男女が多数参加しており、その中には農作業中に、超低空から機銃掃射してくる米軍ファントム戦闘機を、「タコツボ」と呼ばれた穴に入って小銃で撃ち落とした若者も参加していた。しかし、そこには中国の青年たちの姿はなかった。中国は「文化大革命」の最中で林彪《りんぴょう》国防相指揮下の軍隊が各地の共産党事務所を接収する、いわゆる「奪権闘争」の最中だったこともあるが、アメリカと手を結ぶことを考えていた毛沢東には「ベトナム戦争反対」は無縁だった。

述べた。アメリカはこの段階で、ベトナム戦争と米中会談を切り離すつもりであるという中国側の本音を知っていたのである。

国務省文書は「北京がインドシナ問題を回避することを示す情報がある」とし、次回のワルシャワ会談は1971年4月27日に行うと書いた。この後、アメリカ軍は1971年5月1日、1968年11月以来停止していた北ベトナムに対する爆撃を再開した。

1970年5月5日、マーシャル・グリーン極東担当国務次官補が国務長官に送った極秘情報では、台湾問題を脇において、他の分野で米中関係を進展させること、例えば、武力不行使の取り決め、貿易、訪問者交換などで合意することができるとした（Memorandum from EA Marshall Green to The Secretary, 1970.5.5, Subject: How to Deal with the Question of a Higher-Level Meeting with the Chinese — Action Memorandum）。

台湾問題は米中間の最大の懸案であり難題である。グリーンは中国とのこれまでの協議がいつもこの問題で主要な難問になってきたとするとともに、「中華人民共和国と中華民国の双方が『台湾は一つの中国の一部であると主張している』と指摘した。そして、北京が台湾とアメリカとの特別の関係を認めて、台湾地域で武力を行使しないことを受け入れる代償として、他の2国間問題を発展させるという我々の立場を強調し、アメリカが台湾から軍隊を徐々に引きあげるというアメリカ側の意図を受けいれるかもしれないと書いた。

そのうえでグリーンは、ワルシャワでの米中協議で他の問題で一定の進展があった後で、北京かワルシャワでこの問題を話し合うことを提案して、この問題は北京における大使級レベルの会談で引き続き協議することを提案した。

ニクソンを招いた毛沢東の思惑

こうして外交レベルにおける米中間の協議は、北京における「より高いレベル」で会談する方向に煮詰まってきた。

「中国とのより高いレベルの会談」と題する１９７０年5月10日付「大統領への覚書」は、「中国はなぜ会談を望むのか」という設問を設け、「それがたとえ成果なく終わるとしても、北京は米中会談がモスクワに対する劇的な衝撃になると計算している」と書いた。アメリカ側は中国が高いレベルの会談望むのは、ソ連に対する思惑から高級レベルでの会談を求めてきたと分析した。

また日本との関係については、もしアメリカと中国の協議を日本側に通報すれば、台湾の将来や台湾に関する日米関係に逆の効果が予想されるとして、事前に通報しないとした。このため、佐藤栄作政権は水面下で進行していた米中協議について何ら情報を得ることができず、キッシンジャーがワシントンで記者会見して、米中首脳会談を発表すると、日本では大きな衝撃が走り、とりわけ佐藤内閣に対する打撃となった。

ニクソン大統領と毛沢東主席（1972年2月・北京）

以上は、筆者がアメリカ国立公文書館で入手した文書から見たニクソン・毛沢東首脳会談に至る両国間の協議の荒筋である。

この経過からみると、ニクソンの側にも、毛沢東の側にも、首脳会談にいたる筋書きは全く用意されておらず、暗中模索で首脳会談に行き着いたのだった。ニクソンの側は、ベトナム戦争の泥沼に落ち込み窮地に陥っていたのであり、毛沢東の側も「文革」が内戦状態になり、そこから脱出する方策を探していたのだった。

ニクソン訪中によるアメリカ大統領と毛沢東主席・周恩来の会談は、このようにして実現した。その後の米中関係進展の大筋は、ここで作られたといっても過言ではない。

当時、大統領補佐官だったヘンリー・キッシンジャーはさまざまのルートで北京の意向を確認したうえで、1971年7月にパキスタンから秘密裡に北京に飛んで

キッシンジャー大統領補佐官と周恩来首相（同右）

ニクソン訪中の合意をとりつけて発表し、世界を仰天させた。

米中会談の焦点は台湾問題

その焦点は、やはり台湾問題であった。当時、アメリカは「本土反攻」を叫ぶ台湾の蒋介石政権を政治・軍事・経済などあらゆる面で支援しており、台湾問題の扱いはニクソン訪中の最大の焦点だった。会談が1週間にわたる長丁場になった理由である。

ニクソンは毛沢東・周恩来との会談で、「台湾海峡の両側のすべての中国人が中国はただ一つであると主張していること、台湾は中国の一部であることを認める、アメリカはこの立場に異論を述べないと主張した（『キッシンジャー秘録』④「モスクワへの道」205頁）。

そして1972年2月27日に米中両国が上海で調印した米中共同声明、いわゆる上海コミュニケには「米国は、台湾海峡の両側のすべての中国人が、中国はただ一つであり、台湾は中国の一部であると主張していることを認識している。米国政府は、この立場に異論を唱えない」と書かれた。

上海コミュニケから2年余たった1974年5月31日、インガソル極東担当国務次官補にあてた覚書で作家のローゼンは「北京はアメリカが台湾との関係を切らないことに不満だが、ニクソンは台湾との関係をやめるというういかなる約束もしなかった」と書いた。

約半世紀後の今、バイデン政権は台湾にF35戦闘機や155ミリ榴弾砲などの兵器を輸出するとともに、海兵隊を常駐させて台湾軍を訓練している。

第３章

対立・抗争の中の共栄

1、米中会談で何が語られているか

バリ島での米中首脳会談を仕掛け成功させたもの

２０２２年11月14日、インドネシアのバリ島で行われたバイデン大統領・習近平主席の対面会談は、世界中のメディアが、にこやかに握手する二人の映像を映し出した。この時の会談は３時間余に及び、アメリカと軍事同盟で結ばれた日本の岸田文雄首相とバイデンの会談がわずか45分という短い時間だったのと対照的であった。

両者はお互いに考え方がよくわかっている旧知の間柄である。２０２１年１月にバイデンが大統領に就任してからも５回にわたり電話、オンライン、テレビで会談している。

さて今回のバリ島での首脳会談は、対立と緊張が言われたこれまでの米中関係とは違った雰囲気に包まれていた。

首脳会談の翌日の米紙「ウオール・ストリート・ジャーナル」は「バイデン・習は前へ進む新たな道を探求」と見出しをたてた記事で、会談が「両経済大国間の激烈な競争を管理することに焦点をあて、共通の基盤を見出すという米中関係の新たな段階を示した」と指摘した（Wall Street Journal, 2022.11.16 Biden, Xi seek a New Path Forward)。

米中関係は首脳同士の対面会談のあと早速動きだした。まず軍事関係である。

中国の魏鳳和国防相は11月24日、中国とＡＳＥＡＮは「アジアでウクライナ危機のような戦争を起こさせない」と述べた。

アジアで「ウクライナ危機のような戦争が起こる」とすれば、それは台湾海峡である。習近平主席は２０２２年10月に開催された中国共産党第20回大会で台湾に対して「武力行使を決して放棄しない」と述べた。

習近平は中国共産党総書記、党軍事委員会主席である。台湾に対して武力を行使するかどうかは、習近平一人の判断と決断が決定的である。習近平の指揮下にある魏鳳和国防相が、台湾海峡でウクライナのような戦争を起こさせないと言ってもどれほどの意味があるのか。

筆者の見るところ、魏鳳和は、バイデンとの対面会談を踏まえた習近平の意思を代弁したのである。とすれば、習近平はいったいなぜこのような転換をしたのか。習近平は、緊張関係にあるバイデンから説得されて台湾政策を変えるほど、バイデンを信用してはいない。

実は中国共産党大会からバリ島でのＧ20まで国際社会では、大きな動きがあったのである。それは、Ｇ20という地域と20カ国の外相会議の場で、なぜバイデンと習近平が会談したのか、なぜウクライナのゼレンスキー大統領が電話参加し、ロシアからラブロフ外相が出席したのか、ということにかかわっている。

国際政治の大きな変化が始まっていたのである。

今回のＧ20が開かれたインドネシアのウイドド・ジョコ大統領は２０２２年７月26日、北京を訪れて習近平と会談し、11月にバリ島で開催するＧ20への全面的支持を得た上で、それがＡＳＥＡＮの「全面的パートナーシップの新たなエネルギーである」という言明を得たのだった（「人民日報海外版」２０２２年７月27日、「習近平がインドネシアのジョコ大統領と会談」）。

習近平のこの表明を得て、北京からワシントンに飛んだジョコ大統領がバイデンから会談賛成の表明を得たことはいうまでもない。

米中関係を歴史の流れの中で見る

ＡＳＥＡＮと米中両国の関係を20世紀の歴史の中で振り返ってみると、インドネシアがマレーシア、フィリピン、シンガポール、タイなどとともに、１９６７年にＡＳＥＡＮを結成した時は、東西冷戦の激しい中だった。アメリカは世界中に軍事同盟の網を張りめぐらして各国で血なまぐさい戦争をしており、ソ連は東欧をはじめ各国に軍事干渉し、東南アジアは両陣営が抗争する舞台になっていた。インドネシアは非同盟・中立を掲げていたが、アメリカと軍事同盟を結んでいたフィリピンや米軍基地を置いていたタイが、ＡＳＥＡＮ結成に参加したのは、アメリカに要求されてベトナム戦争の発進基地になったことへの反省があった。

こうしてＡＳＥＡＮが国際情勢を動かす大きな力となり、米中両国がその意思を尊重せざるを得なくなってきたところに、21世紀の特徴がある。

さて、そうした世界情勢の発展の中で、これからの米中関係が実際にどのように進むのか、それは大きな問題であるが、現時点の状況だけではなく、これまでの米中関係の歴史と両国が置かれている状況を踏まえて考える必要がある。

これまでの米中関係、例えばトランプやバイデンの政権になる前はどうだったか。

バイデンはオバマ政権の副大統領として、習近平は胡錦濤政権の副主席として２０１１年以来、両者はもう何度も対面会談してきた。最初に中国四川省の都江堰《とこうえん》という名刹で会った時は11時間に及び、あたかも旧知の友人が庭園風景を楽しみながら談笑する写真には、激しく対立する米中関係の別の顔が見えた。

2011年、四川省の名刹・都江堰で談笑するバイデン副大統領（右側）と習近平副主席（いずれも当時）

習近平が国家主席（中国共産党総書記）に就任したのは、２０１３年3月である。同年

6月にはオバマ大統領とカリフォルニア州パームスプリングスで8時間に及ぶ会談をした。6月10日の「北京青年報」には雑談する写真が掲載された。それに先立ってはドニロン大統領補佐官が訪中して中国軍参謀総長と会談した。続いてデンプシー米統合参謀本部が訪中するなど、軍事的にも意思疎通を図った。

中国共産党大会後すぐに米中外相会談

バイデン政権と習近平政権になってからの米中関係の特徴は、経済、軍事両面における中国の大国化を背景にして、米中間の緊張関係が強まる一方で、両国の首脳、外相や国防相など外交・軍事閣僚による会談が頻繁に行われていることである。

２０２２年10月に開催された中国共産党第20回大会の直後にも、ブリンケン国務長官と王毅外相が同31日に電話会談して、王毅が「米中関係を安定軌道に戻すことは、国際社会の普遍的な期待だ」といえば、ブリンケンは「世界は米中の努力を期待している」と応じた。双方がともに「国際社会の期待」として良好な米中関係を強調するのである。

同日の「グローバル・タイムズ」は、この会談で王毅は両国関係を後退させることは米中関係だけでなく、国際社会の期待にも背くとし、ブリンケンは中国との連絡を維持したいと表明したと報じた。

焦点の台湾問題については、これに先立って行われたバーンズ米大使との会談で王毅外相は「台湾問題が米中間の危険な発火点になりうる」と述べた。

つまり、バイデン・習近平両政権は緊張しながらも平穏に付き合っていこうとしているわけである。これが現在の米中関係の素顔といってよいだろう。

またこれに先立つ両国関係の動きとしては、まずアメリカでは２０２１年１月に発足したバイデン政権が２０２３年１月の折り返し点を迎えるのを前に、22年10月には「国家安全保障戦略」を発表し、その中で対中国関係を「世界秩序に対する最重要課題」として、アメリカは「中国との経済的・軍事的競争に勝利しなければならない」と述べた。

これを発表した記者会見でサリバン大統領補佐官は、アメリカが中国との関係を管理しながら、気候変動、食料不安、伝染病、国際テロ、エネルギーの移行、インフレ対策など、国境を越えた一連の課題に対応する必要があるとした。バイデン政権は、中国との一方的な対立ではなく、差し迫って解決を求められている課題や人類共通の利益のために対話と協力が必要であるとしているわけである。

すなわち、米中両国が首脳をはじめ関係閣僚の対話を重視し、紛争や生起する問題に取り組むことは、国際社会の平和とともに、環境破壊防止など人類社会の維持にとっても必要であると強調するのである。問題はそれを本当に実行するかどうかである。

中国共産党第20回大会では、2012年以来2期10年にわたり権力を行使してきた習近平総書記が慣例を破り、異例の3期目も権力を行使することになった。そのキーワードは「中国式現代化」であり、習近平はそれにより「中華民族の偉大な復興を実現する」と述べた。そこには、「中華民族の復興」という古めかしい言葉で中国大国化の正当化をはかることにより、権力保持の永久化をねらう意図がみえる。

習近平はこれまでに「腐敗汚職一掃」として政敵を排除して独裁的権力を強化してきた。そして、大会後に開催された第1回中央委員会では、中国共産党の最高指導部である7人の政治局メンバーを大幅に入れ替え、すべてを習近平の腹心や側近で固めた。

バイデンと習近平の長い交流

バイデン大統領と習近平主席の最初の電話会談は2021年2月10日に行われ、貿易、気候変動、世界経済などの問題で米中は協力するしかないという結論に達したが、同時に激しい競争に進むことも互いに警告しあった。現在の米中関係の現実である。いうところの「競争」はいつでも紛争（conflict）に転化する可能性をはらんでいる。

ついで3月にオンラインで行われた首脳会談では、米側から大統領のほか、ジェイク・サリバン国家安全保障担当大統領補佐官、ブリンケン国務長官、イエレン財務長官、カート・キャンベル国家安全保障会議（ＮＳＣ）インド太平洋調整官、ローラー・ローゼンバーガーＮＳＣ中国担当上級部長が出席した。中国側からは、主席のほか、楊潔篪中国共産党中央外事工作委員会弁公室主任、王毅国務委員兼外相、劉鶴副首相、謝鋒外務次官が出席した。

オンライン形式はコロナウイルス感染を考慮したものだが、実際はどちらかがワシントンか北京に飛んで、対面による首脳会談を行うほどにはまだ機が熟していなかったといえる。しかし、先にみたように、両首脳は相手が何を考えているのか、オンライン形式の対話で十分にわかるほど旧知の間なのであった。

現実の米中関係は、台湾海峡の紛争をはじめ、米中戦争の危険がいわれるほど緊張した状態にある。そうした中だからこそ、首脳や軍事・外交トップの話し合いが頻繁に行われていることに意味がある。バイデンも「米中協力は両国人民に有利であるだけでなく、各国民に有利であり、アメリカが中国との意思疎通と対話を維持することを望む」と述べた。

このような米中首脳のやりとりからは、両国首脳が和気あいあいで対話しているように見える。切実な具体的な問題で何かを合意したわけではないが、このように対話が続けられるところに意味がある。中国政府高官は、両首脳は台湾をめぐる相違があっても、両国は40年以上も違いを管理してきた、「対話の開かれたラインを維持することが不可欠だ」「多くの分野で違いがあったり競争したりしている時でも、両国の利益が重なる分野で米中が協力することは重要である」という。

習近平は「戦略的競争の視点から米中関係を見て、中国を主要な相手、最も厳しい長期的挑戦者とみることは、米中関係に対する誤った判断であり、中国の発展を読み間違えるものだ」と述べた（「文匯報」2022年7月29日付）。

「ニューヨーク・タイムズ」は2021年11月17日のウェブで、「バイデン大統領と習近平主席が友好的態度で話し合った」とし、中国の指導者は16日に米中関係を積極的方向で前進させたいという意図を表明したとして、習近平の次の発言を引用した。

「私が前に述べたように、両国の競争が、意図してであれ、意図しないであれ、戦争（conflict）にならないようにすることが、中国とアメリカの指導者として、我々の責任であるように思われる。単純、率直に言えば、我々がどこで合意できないのか、我々の利益は、とりわけ気候変動のような大きな地球的問題について、どこで一致して一緒に働けるのか、競争にいくつかの共通のガードレールをつくる必要があるように、私には思われる」

根強い不信感の一方で関係強化はかる

このように米中関係を積極的な方向で進めるために、友好的に始まった首脳会談だったが、「ニューヨーク・タイムズ」はその数分後の同日午後3時に配信したウェブで、次のように書いた。

「バイデン大統領と中国指導者習近平の実質的会話は、らせん状に危険な方向に向かってゆく関係に突破口を作り出すことができなかった。彼らが発言をたとえ緊張緩和の言葉に翻訳しても、それで外交が成功したことにはならないのである」

このようにコメントをしたうえで同紙のウエブは、バイデンがホワイトハウスのルーズベルト室から人民大会堂の東ホールに述べた発言を次のように書いた。

「我々には、紛争をエスカレートさせないよう、両国の間に共通の常識のガードレールをつくる必要があるように思われる」（New York Times, Web, U.S.-China Summit Produces Little More Than Polite Words,but They Help, 2021.11.16）

この会談について中国側は、中国の体制を変えることを求めない、軍事同盟を強化して中国に反対することを追求しない、ということをアメリカ側に要求したが、アメリカからは明確な回答はなかったとしている（「人民日報海外版」２０２１年11月17日付）。

「人民日報」海外版のこの記事によれば、中国側はアメリカに対して、中国の体制を変えようとしないこと、軍事同盟を強化して中国に反対しないことを要求したという。事実とすれば、中国がアメリカよる体制転覆や軍事同盟による圧力強化を、いかに恐れ、いかに重視しているかを示している。これこそ、アメリカに対して中国指導部がもっている不信感の根本にある問題なのだろう。

「人民日報海外版」の記事は続けて、米中両国を大海の中を行く2隻の巨船にたとえて、「本日のテレビ会談は両国のトップが舵をとったもので、米中関係のこれからの発展にとって、その意義は重大である」と書いた。

中国側のこのような報道には、中国はアメリカによる中国国家体制転覆策動を警戒しつつも、アメリカとの関係を維持してゆくつもりであるという当局の本音が示されている。

長い付き合いのバイデンと習近平

バイデンと習近平が２０１１年、オバマ政権の副大統領、胡錦濤政権の副主席として都江堰という四川省の有名な道教寺院で会談し、それが11時間におよんだことはさきに紹介した。ハイキングで雑談しているようなこの時の写真からは、２人の親密さがうかがえる。

バイデンと習近平は、このように互いに知り尽くした間柄であり、両国間には中国側の対米輸出超過に起因する貿易摩擦などで、共和党がオバマ政権を激しく攻撃するなど緊張関係にあったが、両者は緊密な関係になっていたのである。

そして、２０１７年から20年までの共和党トランプ政権を経て、アメリカでは２０２１年１月に民主党のバイデン政権がスタートした。

同政権下で最初の米中両国幹部による会談は、２０２１年３月18日にアラスカのアンカレッジで行われた。米側はサリバン大統領補佐官（国家安全保障担当）、ブリンケン国務長官、中国側は楊潔《ようけつ》篪《ち》中国共産党政治局員、王毅外相がそれぞれ出席した。会談では、米側が台湾、新疆ウイグル自治区、香港などをあげて中国を批判し、中国側は米国内の黒人に対する抑圧や民主主義が国民に信じられていないことを主張した。会談は1時間を大きく超えたが、大荒れとなり、成果なく終わった。外交首脳による最初の会談は明らかに準備不足であり、米中双方がここから教訓をよみとって、次回からは周到な準備をして会談に臨んだ。現在の米中関係の特徴がここにも表れている。

会議・交渉・交流が頻繁に

最近の米中関係の特徴は、これまで述べてきた首脳間の会談とともに、国際問題や外交を担当する政府高官による対話が、首脳間におとらず頻繁に行われていることである。

近いところでは、2022年7月にブリンケン国務長官と王毅外相が、G20の機会にインドネシアのバリ島で会談した。米中の外交閣僚によるこの会談では、王毅はバイデン政権の「誤った対中国外交の是正」を求めるリストとともに、「協力を求めるリスト」を手交したという（China Daily2022.7.11）。

「ニューヨーク・タイムズ」同年8月22日付は、ロシア軍のウクライナ侵攻後、ヨーロッパ諸国は中国をロシアの友好国とみて会談を避け、アンカレッジでの米中会談が非難の応酬になり、中国はアジア諸国との結びつきを重視するようになったと指摘した。しかし、それにもかかわらず、バイデンと習近平は最近も、頻繁に電話で会談をしている。これはいったい何なのか。

両者は２０１１年以来の長い付き合いがあるとはいえ、いまやそれぞれが国政を預かる重責を負っている。２つの超大国として国際社会に向き合う必要がある。そこには米中関係の現実の反映がある。

習近平は２０２１年7月28日のバイデンとの電話会談では「現にあるルートを使って、双方の協力を推進する」ことを強調した。これに対してバイデンは、米中協力が両国民の利益になるとして「米国は中国側と意思疎通と対話を持ち続けることを希望する」と述べた（「文匯報」２０２２年7月29日）。

バイデンと習近平が２０２１年9月10日に電話会談した時は、ホワイトハウスが「責任を持って米中両国間の競争を管理するための継続的な取り組みの一環」と発表した。これを報道した同日付「ニューヨーク・タイムズ」によると、習近平は「米中関係は困難に直面しており、米中の協力は双方に利益を、対立は災いをもたらす」と述べたという。米中関係の厳しい現実を踏まえた双方の対応にこそ、現在の米中関係の特徴があるといえる。

同紙によれば、バイデンがインド太平洋と世界の平和、安定、繁栄を強調し、競争を紛争にさせない米中両国の責任を強調したのに対して、習近平はアメリカの対中国政策が緊張を招いており、対抗を避けて、両国の利益に合致するようにしなければならないと述べたという。

報道の通りとすれば、習近平政権とバイデン政権は、インド太平洋という地球上の広大な地域で熾烈な勢力争いを演じながらも、深刻化する対立を何とか紛争にならないように腐心していることが読み取れる。それが、バイデン政権の言う「米中の競争を管理する取り組み」なのだろう。

米中は1950年6月25日に始まった朝鮮戦争で戦った以後のこの70年余、戦争の危険が何度もいわれてきたが、現在にいたるまで戦ったことはない。

米中両国は、いきなり軍事衝突に走るという単純なものではなく、互いに激しい覇権争いをしながらも、ASEAN（東南アジア諸国連合）のような急速に発展する勢力の台頭を警戒しつつ、アジア太平洋地域の大国主導の「安定」を両国で取り仕切っていこうとしている状況にある。

2、ウクライナ戦争で米国と対立深める

ウクライナ戦争は、第2次世界大戦後に作られた国際秩序を揺るがしており、この影響をうけて、米中関係も大きく変わらざるを得ない。ウクライナ戦争の中で拡大した米中の亀裂は、1950年6月25日に始まった朝鮮戦争で米ソが対立する冷戦時代が本格的に始まったことを想起させる。

ウクライナより台湾海峡

第2次世界大戦後最大の戦争となったウクライナの戦争は、台湾海峡の紛争とともに、米中関係緊張の要素になっている。ここでは、米中双方ともに、戦争の主役ではないが、その帰趨に重要な影響を与える。

バイデン大統領は、米国にとってはウクライナ戦争より、台湾海峡の紛争が重要であると述べ、155ミリ榴弾砲、ハイマース地対空ミサイルなど近代兵器を台湾に買わせている。一方、中国もウクライナ戦争の当事者ではなく、ロシアのウクライナ侵略戦争を支持しているわけではない。しかし、中国はアメリカなど西側の対ロ制裁に反対している。ウクライナ戦争はロシア軍が一方的にウクライナに攻め込んだ明白な侵略戦争だが、中国は「ロシアとウクライナの軍事紛争」と言うだけである。

このようにウクライナ戦争が侵略戦争であることを否定するためは、ウクライナで実際に起きていることを隠蔽せざるを得ない。

例えば、ロシアの駆逐艦がオデッサ沖でウクライナ武装勢力の攻撃を受けて沈没した時もそうだったが、10月8日にロシア本土とクリミアを繋ぐケルチ道路橋を走行中のトラックが爆発炎上したニュースを詳しく報じたのは、中国では、民間新聞の「澎湃新聞」くらいだった。この新聞も、その後はウクライナ戦争のことは報道しなくなった。

けれども庶民の間でかつては口コミで、今ではミニ・ブログ（微博）などで情報がかなり流通している。最近は、これも厳しい管理・統制下にあるが。

ケルチ橋の爆破に対して、ロシアのプーチン大統領は、報復と称して、首都キーウを含むウクライナ全土にわたるミサイルなどによる攻撃を命令し、少なくない死傷者をもたらした。この事態に対してキーウの中国大使館は、館員をまず緊急シェルターに退避させたうえ脱出させた（Global Times, 2022.10.11, Chinese Embassy in Ukraine issues several warnings in a row as Chinese nationals prepare to protect themselves amid escalating tensions）。中国当局はロシア軍がウクライナでやっていることがいかに非人道的で危険なものであるかをよく知っているのである。しかし、中国のメディアはロシア軍がウクライナでいかに残虐なことをしているかは報じない。中国当局はウクライナ戦争の真実が国民に知られないようにしている。

なぜウクライナ侵略に反対しないか

２０２２年11月のバリ島におけるＧ20ではウクライナ戦争を批判する決議が採択され、侵略者ロシアは完全に孤立した。これを舞台として米中首脳会談が行われたことは先に見たが、ロシアの侵略に甘い態度をとっていた中国が問われることになった。習近平はＧ20でウクライナ問題について発言せず、プーチンが送り込んだラブロフ外相とも会わなかった。それにもかかわらず、中国はウクライナ侵略に甘い態度をとってきたこれまでの態度は踏襲している。少し経過を振り返ってみよう。

習近平国家主席は2022年9月16日に、ウズベキスタンのサマルカンドで開催された上海経済協力機構でプーチン大統領と会った時も、モディ・インド首相がプーチンに言った「今は戦争の時代ではない」ということ繰り返しただけだった。

ロシアのウクライナ侵略に反対しない中国は、国際社会で孤立を深めている。

2022年10月12日の国連総会でウクライナに対するロシアの不法行為を糾弾した決議が、143という圧倒的多数の賛成で採択されたが、中国は賛成せず棄権した。

141カ国の賛成で採択されたウクライナからの撤退をロシアに求める決議にも賛成しなかった。

国連安保理事会におけるロシアの拒否権行使は、かつてアメリカがイラク戦争やアフガニスタン戦争を遂行しながら、拒否権を行使して、侵略戦争を防止し中止させる国連の機能発揮を妨げたことを想起させる。

国連が米中ソ英仏の5大国に拒否権を与えたのは「大国一致の原則、すなわち、5大国一致の上に究極的に国連による平和は保たれる」（高野雄一『教養国際法』東京大学出版会、1983年11月21日、147頁）という考え方にたっているからである。

しかし、ウクライナ戦争はその５大国の１つが国連憲章に真っ向から反する侵略戦争の当事者となり、やはり5大国の１つである中国が、国連安保理で決議案に賛成せず、ロシアの国際的孤立を救っているのである。中国はウクライナ戦争が始まる前には、ロシアとウクライナの「中立」を表明していたが、それは間もなく消えて、戦争が始まると、プーチンとの距離を縮めた。

国連総会はこれまで5度にわたりロシア批判の決議をした。これは政治的に重要な意味があるが、ロシアの侵略戦争をやめさせるためには、５大国の１つである中国を、国連総会決議に示された国際社会の総意の立場に立たせる必要がある。

バイデン政権は２０２２年7月5日、５つの中国企業がロシアの軍事産業分野を支援しているとしてブラック・リストに載せた。ロシアのウクライナ侵略が2月24日に始まってから、ロシアへの支援を理由に、アメリカ政府が中国企業に対してとった最初の行動だった。

バイデン政権は、ロシアの侵略が始まる直前の２０２１年１月以来、４７５の外国企業に対して、アメリカの技術にアクセスすることを禁止してきたが、そのうち１０７社は中国をベースにする企業だった。その目的は中国の軍事や科学の進歩に繋がる技術にアクセスできないようにすることにあると指摘されている（New York Times 2022.7.6, Export Controls Are at Heart of U.S. Strategy to Restrain China）。もっとも中国の技術水準は、例えば生物生態学、人口知能、５G通信技術などの分野では急速に発展しており、バイデン政権による制裁にどれほどの効果があるかは疑問である。

中国はアメリカとの政治・外交・経済の密接な結びつきの中で世界第2位の経済大国にのし上がってきた。それなのに今や、侵略者ロシアとの関係を深めている。

中国の選択が21世紀の世界に重大な影響を与えることは間違いない。トランプ政権時代には、中国は2020年代にも国民総生産でアメリカを追い越すといわれていた。近頃はあまりいわれなくなったが、ウクライナ戦争の中で中国とアメリカなど西側諸国との関係が冷えていることが背景にある。中国人の大国意識や愛国心をかきたて、アメリカに対抗する姿勢を強めている習近平政権の思惑もある。

異例の3期目に入った同政権の下で、今後とも、米中の覇権争いがさらに熾烈になることが予想される。

ロシアのプーチン大統領は国連総会が開かれている間にも、軍隊への30万人の新たな招集とともに、ウクライナの占領地をロシア領に編入することを明らかにした。けれども、人民日報社が発行する「グローバル・タイムズ」2022年9月22日付は、「アメリカ主導の西側が国連でロシアに圧力を加えるのは国連の全般的機能を害する」としてロシア擁護を主張した。

最初の会談相手もプーチン

習近平主席がミャンマーを訪問して、国民民主連盟（NLD）アウンサンスーチーと会談したのは、同国の軍部クーデターでスーチーが投獄される直前の２０２１年１月だった。そこに習近平が最初に外遊して会ったのはウクライナに侵略しているロシアのプーチン大統領だった。そこに習近平の選択が示されていた。

習近平は上海協力機構首脳会議に先立ち、側近の栗戦書《りつせんしょ》（人民代表大会常務委員長）をモスクワに送り、９月10日にプーチンと会談させた。

栗はプーチンに対して、習近平が提案したグローバルな発展とグローバルな安全保障を実行することを強調した。すなわち、中国とロシアの二国間問題に限らず、地球的問題でも共同していこうという提案であった。ウクライナ戦争に対する両国のかかわり方についても、アメリカなど西側世界に対抗する舞台として重視するということである。

そして、サマルカンドでの習近平・プーチン会談では、プーチンが「ウクライナに関する中国の懸念を理解している」「今日は我々の立場を説明する」と、中国の懸念に釈明したと報じられた。

しかし、中国がロシア軍のウクライナ侵略を批判せず、プーチン政権との距離を縮めることは、中国にとってけっして得策ではないはずである。ヨーロッパ諸国とともに、多くのアジア諸国がロシアのウクライナ侵攻を支持していない中で習近平がプーチンとの関係に深入りすることは、中国にとって外交・経済の両面でマイナス面が小さくないからである。

とりわけアメリカとの経済関係は、中国政府が大量の外貨準備を、ドル資産の代表である米国債で保有している現実から見ても、ロシアとの関係に深入りすることは得策ではないはずである。

「ニューヨーク・タイムズ」２０２２年9月14日付によれば、プーチンはウクライナ戦争を、ロシアの存在を脅かす西側諸国に対する戦いの一部であると強調したが、習近平はウクライナ戦争には言及しなかったという（New York Times 2022.9.14 Friendship With Putin Doesn't Mean That Xi Will Fully Cast His Lot）。

当初の「中立」はどこに行った？

ロシアのウクライナ侵略が始まるまでは、習近平政権はウクライナのゼレンスキー政権と深い親交を結んでいた。ウクライナ戦争が始まっても、当初は「中立」を標榜していた（華春瑩外務省報道官）。けれども中国は国際社会でプーチンを政治的に支え、国際社会による対ロシア制裁に風穴をあける役割をはたしてきた。

ロシアは国連安保理常任理事国であり、最大の核兵器を保有する大国である。たとえ中国が表立って支持を表明しなくても、国際社会がほぼ一致して求める対ロシア経済制裁に反対して、ロシア産原油を戦争開始後に輸入するなど、中国の存在を抜きにしては、プーチンのロシアは持ちこたえられないはずである。中国はロシアのウクライナ侵略を実質的に支える役割をはたしてきたといっても過言ではない。

見落とせないのは、中国が国連憲章のような確立された国際社会の基準をもちだして、プーチンに融和的な自らの態度の正当化をはかっていることである。米中関係を考えるうえでは、このような中国の態度を軽視することはできない。

例えば、ロシア軍がウクライナに侵攻した2022年2月24日の翌25日、習近平主席はプーチン大統領に対して「中国の基本的立場はすべての国の主権尊重と領土保全であり、国連憲章の原則は守らなければならない」と述べた。

この言明からすれば、ウクライナの領土に軍隊を侵攻させたプーチン政権を批判しなければならないはずである。たしかにその時点では、中国外務省の華春瑩報道官は、舞台裏では北京がモスクワを支持しているとした米国の観測を否定し、「中国はウクライナで起きているものを見たくない」とロシアの侵略に対する否定的な反応を示していた。しかし、その後、ロシア軍のウクライナ侵攻から一週間もたたない3月2日、中国外務省は「ロシア制裁に反対する」と発表し、国営中国日報社が発行する「グローバル・タイムズ」はこれを大きく報じたのだった。

おりしも国連安全保障理事会では、米国、イギリス、フランスが提出した憲章第42条による対ロシア制裁決議案に、中国は賛成しなかった。

さらに3月8日には習近平主席が北京オリンピック開幕式に出席したプーチン大統領と会談し、ロシアのウクライナ侵略を批判しない中国の立場を国際社会に見せつけた。

対ロシア制裁を骨抜きに

国際社会がロシアに対する経済制裁としてロシアからの原油輸入を禁止するなかで、中国はロシア産穀物輸入に対する制限を解除した。中国はウクライナのコーンと小麦の主要輸入国だったが、ロシアに乗り換えたといえる。

「プーチンは、投資者や石油などの購入者として以上に中国を必要としている」（米紙ニューヨーク・タイムズ2022年2月25日）と指摘されている。いまや経済力で米国を追い越そうとし、急速に軍事力を強化する中国がロシアを非難しない背景には、この戦争をアメリカとの覇権争いで有利な地位を占めようとする習近平政権の思惑がある。ロシアの侵略戦争を糾弾し、国連憲章が定める国際社会の平和秩序を回復し実現するためには、中国の問題を解明することが避けられない。

米紙「ワシントン・ポスト3月22日付は「中国は自らが実質的にリードしているシステムとともに軍事的技術と部品のロシアへの重要な供給者になっていると考えられる」として、無人機、造船、海洋レーダーシステムなどをあげている（Washington Post 2022.3.22 China and Russia's military relationship likely to deepen with Ukraine war）。

中国は、NATOの東方拡大がプーチンをウクライナ侵略に駆り立てたと主張する。しかし、NATO東方拡大はロシアのウクライナ侵略を正当化する理由にはならない。ロシアのウクライナ侵略は先にみたように、ロシア帝国以来のウクライナ支配を当然視する、プーチンの根深い大国主義にもとづくものであって、NATO東方拡大は侵略の正当化をはかるために持ち出した理屈である。

国際政治のうえで米国の次ぐ経済大国である中国のこのような態度を抜きにしては、プーチン政権が侵略戦争を続けることはできないはずである。

習近平政権は、なぜウクライナ戦争が始まると、態度を急変させ、プーチン政権との関係を強化するようになったのか。

戦争が始まると態度を変えたが

中国当局がこの間、繰り返し強調しているのは、米国とその他の西側諸国が2003年にイラクを侵略したということである。中国のこのような態度は、アメリカなど西側諸国を怒らせるとともに、国連総会でロシア非難決議に賛成した圧倒的多数のアジア・アフリカ諸国をも失望させている。

習近平政権は、ウクライナにおけるロシア軍の人権侵害の中止を求める国連人権委員会の決議には反対票を投じた。

ウクライナの戦場では、ウクライナに攻め込んだロシア軍が一気にキーフのゼレンスキー政権を倒して、傀儡政権を樹立し、ウクライナ全土を占領し支配するという当初のプーチンの思惑は成功しなかった。

それどころか、大量のロシア軍を敗走させ、占領した地域も次々に奪い返された。

この戦況を見て、さすがに習近平政権もプーチン支援に二の足を踏まざるを得ない。今世紀の20年代に入ってあらわれたこの国際社会の現象の実態は何なのか。その背景には何があるのか。

新たな国際情勢のもとで国際社会は公然とロシアを非難してウクライナを支援してロシアに制裁を科す西側諸国と、この非難や制裁に加わらず、ロシアとそれまで通りの関係を維持する中国のような国に2分されたかのようにみえる。

多くの諸国は、ロシアのウクライナ侵略を批判し、国連総会ではロシア非難決議に賛成しているが同時に、プーチンとの関係を維持しロシア産石油を輸入して制裁破りをしている中国を批判しない。

国際通貨基金（ＩＭＦ）によれば、２０２２年10月現在、国民総生産（ＤＧＰ）第１位は米国の22兆９９６０億ドルで、中国は第２位で17兆７４４６億ドルだが、ロシアはずっと下がって第11位の１兆７７８５億ドル、１兆８１０９億ドルの韓国にも及ばない。中国のＧＤＰは、ロシアのそれの10倍である。習近平政権下のこの中国の存在が、ロシアのウクライナ侵略戦争を長引かせる結果になっていることは否定できない。

ウクライナ戦争への態度が影落とす

習近平はなぜプーチンに反対しないのか。米国への対抗である。習近平が２０１２年に中国共産党総書記に就任して以来、米中関係は総じて緊張してきた。

それ以前の胡錦濤政権下では、「新型の大国関係」をうたい米中両国が親密な関係を結んでいたのである。

米中関係は、ウクライナ戦争のなかで深刻になった。習近平政権の出方に対して、米国防総省は２０２２年10月末に議会に提出した「国家防衛戦略」で、中国を「第一の脅威」として重視した。

このような現象はかつて米ソ冷戦時代に、アメリカが「中国封じ込め」政策で中国への敵対的態度をとったことを想起させる。

中華人民共和国建国後、中国は共産党主導下で「社会主義」を建前とした点ではソ連と同じである。しかし、第2章でみたように、米中関係は１９７２年のニクソン訪中以後、大きく変わった。ニクソン訪中時は中国がまだ「文化大革命」の最中にあり、毛沢東政権下で国際社会に背を向けた封鎖的な経済体制に中にあった。けれどもニクソン訪中で始まったアメリカとの関係は、中国社会に対しても少なくない影響をあたえ、１９７６年に毛沢東が死去すると、中国は大きな変容を迫られることになった。その後、中国は新自由主義経済に転換し、西側諸国から投資を呼び込むことによって経済を発展させた。

そうして、国民総生産（ＧＤＰ）が２０２２年には米国に次ぐ世界第2位で17兆ドルを超え、米国の7割になった。ちなみに第3位の日本は1ケタ違いの4932億ドルである。中国は、その経済力を背景に、政治的軍事的に米国に対抗する勢力になり、「米中新冷戦」とも言われている。

中国経済が発展したのは、「社会主義」の名で、国有企業優先で政府の指令によって経済を動かそうとしたかつてのソ連のやり方と決別し、市場経済の名の下に欧米の資本を取りいれ、資本の利潤追求を生産の機動力とする生産方式に切り替えたからである。当然、貧富の格差は大きくなり、そのことがまた生産力を発展させることになった。

けれども、国民を統治する政治の仕組みは、共産党が中央、地方の権力を掌握する点では、かつてのソ連と基本的に変わらない。資本の支配のもとで広がる国民の不満や反対を抑えるためにも、権力の強大化が必要になる。

中国共産党は「市場経済」に転換するなかで、1980年代の胡耀邦体制や今世紀に入っての胡錦濤体制の下で民主化へ試行錯誤を重ねたが、結局、今の習近平体制下の強権的支配に行き着いた。中国共産党は2022年の大会で規約を変えて党総書記の任期の制限を取り払い、習近平体制の永続化をはかった。

そこで、資本の利潤追求を生産の機動力として経済を発展させてきたこれまでのやり方と権力を特定の個人に集中する政治体制との関係はどうなるのかという問題がでてくる。

中国のメディアも、習近平政権の立場に合わせて、ロシアの侵略戦争といわないのはもちろん、ロシア軍の侵攻ともいわないで、ロシアと同じく「特別軍事作戦」と呼んでいる。ロシア軍はウクライナで民間人を殺傷し、残虐行為の限りを尽くし、家屋を破壊しているが、そうした事実は中国国内では一切報道されていない。中国の人々はウクライナ戦争のことを知らされていない。

ロシアのウクライナにおける軍事活動はＮＡＴＯの東方拡大を阻止するために必要であるというのが、習近平政権の立場である。

人民日報社発行「グローバル・タイムズ」は、ロシア軍侵攻から1カ月たった２０２２年3月23日、「ウクライナ危機の扇動者：米主導ＮＡＴＯが『1インチも東方に拡大しない』約束を破った」と書いた（Global Times2022.3.23.Ukraine crisis instigator: US-led NATO reneges on Not one inch eastward promise to compress Russia's space to the extreme）。バイデン大統領とプーチン大統領が２０２１年6月にスイスのジュネーブで会談した際に、プーチンがＮＡＴＯ拡大とウクライナの加盟問題を提起したのに対して、バイデンはいつもの西側の横柄さでプーチンの不安に答えなかったというのである。

ウクライナと親密な関係にあった中国が

ロシアのウクライナ侵略が始まったのは２０２２年2月24日である。それまでウクライナと親密な関係にあった中国は、侵略者ロシアとの関係を強め、アメリカをはじめ西側諸国と対立することになった。１９９１年のソ連崩壊により独立した国家になったウクライナは、アメリカなど西側諸国に接近するとともに、中国とも親交を深めていたのに、である。

ロシアのウクライナ侵略が始まる直前の2022年1月、習近平主席は中国とウクライナの国交樹立30周年にあたりゼレンスキー大統領に祝電をうった。中国が最初に保有した空母「遼寧」は1999年にウクライナから購入したソ連製「ワリャーグ」を改造したものである。

「グーバル・タイムズ」2022年2月23日付、すなわちロシア軍侵攻前日の紙面では、多くの中国企業がウクライナで活動しており、同国に政治的変動があっても、中国との協力関係は発展すると書いていた。実際、中国国営「中国電力」はキーフ（当時はキエフ）近郊に電力を供給しており、多くの中国企業が同国の多くの企業と取引をしていた。

中国が改革開放により発展するうえでなくてはならない基礎を築いたのが、ウクライナだった。

もともと旧ソ連の中核的軍事力と軍事重工業の基地だったウクライナは、ソ連崩壊後、世界的な軍事力を有する核大国となった。同国はソ連時代に機械製造業、動力燃料、高度技術部門、主要ロケット生産装備、宇宙航空装備、軍用艦船、航空機・ミサイルを含め35％の軍事産業をもっていたからである。しかし、ウクライナが独立し平和の時代に入ると、核兵器関係の産業は解体し、大量の高級技術者が出国した。そのなかの無数の人材が中国に招聘された。

中国とウクライナは、このような関係があったから、ロシアの侵略が始まる直前の2022年2月20日、ミュンヘンで行われた安全保障会議では、王毅中国外相が紛争の外交的解決を主張し、中国は「すべての国の主権、独立領土保全は尊重され守られなければならない。ロシアの安全保障に対する懸念は尊重されるべきである」と述べていたのである（「グローバル・タイムズ」２０２２年2月22日）。

中国は、ウクライナとのこのような関係からも、プーチン政権とのそれまでのつきあいのなかで、ロシアがウクライナに攻め込むのではないかと危険を感じて、むしろ警戒していたのである。

ロシア侵略支持の背景に対米関係の思惑

それなのに、なぜ中国はウクライナを切って、ロシアをとったのか。やはり対米関係の思惑である。

外務省の華春瑩報道官は、ロシアの侵略が始まった２０２２年2月24日の記者会見では、米軍戦闘機が１９９９年に在ユーゴスラビア中国大使館を爆撃し、これに対して中国全土で激しい抗議行動が繰り広げられたことを持ち出して、ＮＡＴＯは「血の負債」を負っていると強調した。

ロシアのウクライナ侵略の背景に、ＮＡＴＯ東方拡大に対するプーチンの恐怖心や怒りがあることは間違いない。

アメリカはウクライナ戦争に兵員こそ送らないが、地対地ミサイル「ハイマース」など最新兵器をウクライナに提供して実質的に参戦している。ソ連崩壊後に拡大してきたＮＡＴＯ（北大西洋条約機構）は、ウクライナ戦争が始まってアメリカ主導の軍事同盟としての本来の性格を取り戻したようである。２０２２年にはスウェーデン、フィンランドが加盟申請をして、さらに拡大される。

プーチンはロシア軍がウクライナ侵攻直前の２０２２年２月22日のテレビ演説で、ウクライナのＮＡＴＯ加盟希望にふれて、「ロシアを攻撃する前線基地になる」と述べたが、アメリカとＥＵ（欧州連合）は１月下旬に、ＮＡＴＯ東方拡大停止の確約などを拒否すると書面で回答していた（「日本経済新聞」２０２２年２月25日付）。

もちろんロシアのウクライナ侵略をＮＡＴＯ東方拡大に対する反発といって、正当化することはできない。

もしそうなら、２０２２年になって北欧のスウェーデンとフィンランドがＮＡＴＯ加盟を表明したのに対して、プーチンはもっと激しく怒り、軍事侵攻の構えくらいは見せてもよいはずである。両国のＮＡＴＯ加盟により、ロシアはヨーロッパ大陸を縦断して、４２００キロメートルもの長い国境線でＮＡＴＯと対峙することになるのである。けれどもロシア軍は隣国フィンランドに侵攻しなかった。両国の国境地帯での軍事衝突もなかった。

ロシアによるウクライナ侵略は、そのような政治的な理由で正当化できるようなものではない。そこにあるのは、ウクライナをロシアの属国とみて、ロシアに編入するというプーチンの前時代的な野望である。ウクライナは、ロシア帝国のツアー時代も、ソ連のスターリン時代も、ロシアの一部であった。ソ連が崩壊しウクライナが独立した国家になった今も、ウクライナはロシアのものでなければならないという根深い大ロシア主義である。

大国ロシアに郷愁をもつロシア人にとっては、ウクライナ独立はソ連崩壊の落とし子であり、ウクライナ侵攻はロシア人に支持されるはずだというのが、ウクライナ侵略を始めたプーチンの思い込みだった。ロシア軍がまず最初にベラルーシ軍とともにウクライナ北部に攻め込んだのは、首都キーフ（当時はキエフ）を一挙に占領して、傀儡政権をつくれば、それは容易に実現できるという計算があった。

ロシア国内では戦争反対の運動は厳しく弾圧されている。それにもかかわらず2022年9月中旬には、35の自治体で戦争に反対する議員がプーチン辞任を要求する文書に署名した。

問題は、このようなプーチンのウクライナ侵略を、なぜ習近平が事実上支持するのかである。

バイデン大統領が戦略の見直しを宣言

バイデン大統領は、政権の仕事を始めて間もない2021年2月4日に行った外交演説で、中国を「最も深刻な競争相手」とし、「アメリカの外交政策や安全保障の優先課題に適合させるため、米軍の世界的な展開態勢をオースティン国防長官に命じた」と述べた。

演説の主な内容は、プーチン政権下で強まるロシアの脅威に対抗して、ドイツ駐留米軍の削減を凍結することだったが、それまで「対テロ戦争」を念頭に中東やアフリカ大陸各地に配置していた米軍を削減し、インド太平洋にふりむけることを表明した。そのためには、中国に関する分析と世界戦略を検討して対中国関係を見直すことが必要になる。

これに対して中国は、王文斌《おうぶんひん》外務省報道官が翌5日に「意見の相違は避けられないが、中国はアメリカと衝突、対抗せず、協力を発展させることに注力する」とし、アメリカに対しても「中国と中米関係を客観的かつ理性的に見て、積極的で建設的な対中国政策をとるよう希望する」と述べた。バイデン政権との緊張関係を避けるという外務省報道官の言明は、習近平指導部の本音を語ったものである。

習近平みずから4日後の2月9日のバイデンとの電話会談で「両国は協力し災いを避けなければならない」と語った（「ニューヨーク・タイムズ」2021年2月10日付）。

バイデンと習近平はこの時、政権発足いらい最初の電話会談をした。両者はオバマ政権と胡錦濤政権の下で、副大統領、副主席として緊密な関係を築いてきたのであり、4年ぶりの会談でバイデンは「両者が紛争する必要はないが、極端な競争にならないように」と述べた。

「競争」というのは、バイデン・習近平両政権下の緊張関係を表す言葉である。双方が「紛争」や「対立」と言わないで、このような政治用語に言い換えているところにも現在の米中関係の特徴が表れている。

アメリカ国防総省は同日、各部門の対中国政策を調整する「中国チーム」を発足させた。チームのメンバーは15人で、国防長官室スタッフ、統合参謀本部、行政部門、戦闘司令部、それに情報部門の代表により構成された。２０１２年12月には「『中国調整部』が創設された」と報じられた（時事通信）。各部門の対中国政策を調整して、大統領が必要とする政府全体の取り組みにすることを目的にしていた。

アメリカ軍の挑発的行動

その後、国防総省に設置されたこれらの対中国の専門機関がどのような活動をして、どのような機能を発揮したかということについては発表がない。しかし、軍事部門では、米海軍第7艦隊のミサイル駆逐艦「カーティス・ウイルバー」が２月27日に台湾海峡を通過するなど、中国に対する米軍の行動はどんどん進んでいる。

習近平主席がフロリダ州のトランプ別荘を訪問した時に「米中首脳会談は創意工夫して正しく処置することが、米中関係を発展させるうえで特別の意義をもっている」と述べたのは、今からほんの5年ほど前だった。トランプ政権発足から一年ほどは、オバマ政権を引き継いで米中間に大きな風波は起きていなかった（「人民日報海外版」２０１７年4月9日）。

米中の通商協議が難航し膠着状態にあった２０２０年2月7日になっても、習近平はトランプとの電話会談で「米中関係にたとえいくらか分岐が出てきても、双方が平等互恵、相互尊重の精神で例えば通商問題でも互いに受け入れられる解決方法を協議すれば解決方位が見つけられる」として、米中関係をいっそう発展させようと述べていた（「人民日報海外版」２０２０年2月8日）。

これに対してトランプは「アメリカも、米中の努力が実り、米中関係を共同で発展させることを願っている」と応じたものである

ロシア国内で広がる戦争反対の運動は、プーチン政権による過酷な弾圧により繰り返し抑えられている。しかし、ロシア国民がウクライナ侵略戦争をいかに嫌悪し反感をもっているかは、例えば徴兵逃れのために、若者たちの国外脱出が続出し、中央アジアの隣国カザフスタンだけでも10万人が逃亡したことに表れている（Financial Times 2022.10.10. Bridge Blast Damages Moscow's military lifeline）。

3、国際社会で覇権争い

次の問題は、米中覇権争いの実態とそれが意味するものである。アメリカと中国の状況はどのようになっているのか。

アメリカはこれまでベトナム、イラク、アフガニスタンなどで長期にわたり戦争を続けてきた。これらの戦争は、アメリカが相手国から侵略されていないのに、アメリカ軍がそれぞれの国に攻め込んだ侵略戦争であった。そして、多くの若者を戦場に送って死傷させた。戦争の傷跡はあまりにも大きく、アメリカもしばらくは大きな戦争はできないだろうと思われていた。

中国はアメリカといかに向きあうか

「グローバル・タイムズ」２０２２年4月5日付は「冷戦の仕掛人：アメリカは過去の勝利を追憶して、自らの覇権維持のためカラー革命を21世紀に持ち込む」と題する論評記事を掲載した。そこでは「ロシアとウクライナの軍事衝突以来、国際社会は、アメリカとＮＡＴＯが危機の背後で演じている役割をますます認識するようになった」と書いた。

そのうえで同紙は、カラー革命から30年たって、アメリカは危機の背後で、ロシアの領土の縁《ふち》にＮＡＴＯを拡大させようとしているという。

カラー革命というのは、ソ連圏にあった東欧諸国が１９８９年のベルリンの壁崩壊に始まり、かつてソ連を盟主とする軍事同盟であるワルシャワ条約機構から次々に離脱したことを指している。

東欧諸国はその後、アメリカや西欧諸国に鞍替し、アメリカを盟主とするＮＡＴＯ（北大西洋条約機構）に加盟した。いわゆるＮＡＴＯ東方拡大である。

１９９1年に崩壊したソ連は、かつてツァーリ（皇帝）が支配したロシア帝国と同じ名前のロシアにもどってしまった。その後、２０００年からロシアで権力をとったプーチンは、ウクライナがＮＡＴＯに加盟すれば、ロシアの脅威になると主張してウクライナ侵略戦争を始めた。それが口実にすぎなかったことは、ウクライナ軍に反撃されながらも、侵略した地域をロシア領に編入したことで証明された。

それを見たフィンランドやスウェーデンがＮＡＴＯに加盟申請したことは先に見た通りである。ＮＡＴＯ東方拡大を阻止すると言って侵略戦争を始めたプーチンのとんでもない誤算であった。

ウクライナが多大の犠牲を払いながらも、ロシアの侵略に抗して戦っているのは、長い歴史のなかで、かつてロシアや、スターリン体制下のソ連に編入されていた苦難の歴史を経験したからだろう。

ところが中国は、ロシアのウクライナ侵略を「ロシアとウクライナの軍事紛争」と言い換え、それをカラー革命からＮＡＴＯ東方拡大によるものとして、侵略戦争の正当化をはかるのである。

ソ連を崩壊させた力に怯える

「グローバル・タイムズ」は続けて、「１９９1年12月25日の夕刻、ソビエト社会主義共和国連邦を代表するハンマーとカマの旗がクレムリンからゆっくり降ろされ、白、青、赤のロシア連邦の旗がゆっくり同じ旗竿に掲げられた」とするとともに、同時に、冷戦は実質的に終わっていないのであって、アメリカとＮＡＴＯは新しい冷戦を続け促進し続けていると書いた。

人民日報社が発行するこの英字紙には、中国共産党の海外向けメッセージが表明されている。中国はスターリン体制下でつくられた政治の仕組みを基本的に今も維持しており、中国共産党指導部にとって、ソ連崩壊は悪夢以外の何ものでもなかった。

これは、２０２２年2月24日にロシアがウクライナを侵略すると、ウクライナと親密な関係を続けてきた中国が手のひらを返したように、侵略者であるロシアを支持するようになった重要な理由のひとつである。

中国は、ロシアの侵略が始まる前にはウクライナと深い付き合いをしていた。12月5日に「友好協力条約」を結び、２０１５年には「一帯一路」協定を結んだ。中国のウクライナへの輸出は２０２１年には前年より36・8％増え、輸入は5・2％増えて、いずれも過去最高だった。

ところが、ロシア軍がウクライナ侵攻を始めると、国際社会の対ロシア非難や制裁にも背をむけて、ロシア軍による残虐行為を審査する国連人権理事会の招集にも反対したのである。

米コロンビア大学科学地球安全保障計画教授は「中国の戦略家にとっては、ロシアが厳しく打ち破られるなら、中国は今よりもいっそう劣悪な戦略地政学的環境に陥るだろう」と指摘する（「ニューヨーク・タイムズ」２０２２年7月14日）。

アメリカ覇権主義反対で多数派獲得めざす

それでは、中国はウクライナと断絶したのか。

習近平政権の思惑は、ロシアの戦争を利用しながら自らの国際的地位を高めよることにある。プーチン政権が２０２２年９月21日に予備役30万人を徴集してウクライナの戦場に送り、侵略した地域をロシアに併合する計画を公表したのに対しても、これを批判せず、「ロシアとヨーロッパの全面的戦争になる」と他人事のようにふるまった（Global Times 2022.9.21, Russia orders Partial Mobilization amid escalating pressure from West）。

中国が国際政治の場で力を入れているのは、アメリカに組みしない自らの存在価値をアピールして、西側軍事同盟に参加していない国々の多数をいかに取り込むかということである。

国連総会第一委員会（軍縮・国際安全保障）は２０２１年11月３日、中国が提案した「国際安全保障分野における平和利用のための国際協力を促進する決議」を賛成75票、反対55票で可決した。決議の主な内容は、大量破壊兵器とその運搬手段の拡散を防ぐ義務の遂行や科学技術の平和目的の国際協力を促進するなどで、共同提案国に名を連ねたのはキューバ、ロシア、シリア、パキスタンなどである。中国提案のこの種の決議が採択されたのはほぼ30年ぶりで、中国が国際政治における影響力を強め、アメリカに対する国際社会の反感を組織するようになったことが反映している。

決議採択の背景には、アメリカ、イギリス、オーストラリアによる準軍事同盟ＡＵＫＡＳによるオーストラリへの原子力潜水艦供与が、域内の軍拡競争につながる恐れがあるという中国のキャンペーンがあった。

中国政府はこれに先立ち同年10月29日にオーストラリアの原潜導入が「核拡散の深刻なリスクがある」として、同計画の凍結を要求する文書を国際原子力機関（ＩＡＥＡ）に提出して特別委員会の設置を要求した。これを受けてＩＡＥＡは11月26日に理事会を開催して、中国、ロシアが原潜導入に反対する意見を述べ、オーストラリ代表との間で激しい論戦がかわされた。ＡＵＫＡＳは、オーストラリアによる原子力潜水艦保有が、インド太平洋のおける中国の軍事的進出に対抗するものであると主張した。

こうして、米側にはイギリス、オーストラリアが参加し、中国側にはロシアが参加して、インド太平洋における米中を中心とした激しい覇権争いが始まっていることが示された。

Ｇ20舞台に国際情勢の新しい展開

本章の冒頭で述べたように、２０２２年11月中旬、インドネシアのバリ島で開催されたＧ20（20カ国・地域外相会議）には、バイデン米大統領、習近平中国主席も参加し、その後、同地で米中首脳会談も行われ、米中関係が新たに展開する舞台になった。

バリ島での会談でインドネシアのウイドド・ジョコ大統領は「世界を2つに分ける時ではない」と習近平に要求した（New York Times 2022.11.16, At G20, Biden and Xi Offer Competing Paths to Solving Global Problems）。

いつまでアメリカとの対立を売りものにしているのか、世界はもうそんな時代ではないということだろう。

インドネシアが創設に積極的役割を果たし事務局を置いているＡＳＥＡＮ（東南アジア諸国連合）は、この地域が第2次世界大戦で戦場になり、戦後もアメリカの冷戦政策によりＳＥＡＴＯ（東南アジア条約機構）のような米主導軍事同盟により大国が抗争する舞台となった諸国が参加している。ＡＳＥＡＮは、軍事同盟を否定し、国連憲章にもとづく民主主義と人権の尊重を主張し、もう長い間、東南アジアが大国の紛争の場のなることを防いできた。

バリ島で同年7月開かれたG20でも、この立場からジョコは「G20にはウクライナ戦争を終わらせる義務があり、多国間主義を発揮しなければならない」と米中ロに要求した。

11月に開催されたG20では、ロシアのウクライナ侵略を批判し戦争の早期終結を求める決議が圧倒的多数の賛成で採択された。

こうして、ロシアのウクライナ戦争を非難できない中国は、国際政治の場でその態度が問われることになった。

「ワシントン・ポスト」11月16日付は「Ｇ20は安全保障を議論する多国間組織ではないが、アメリカをはじめ西側同盟国は戦争が世界経済、とりわけエネルギーに影響がある」と主張し、ロシアのウクライナ戦争とともに、これを非難しない中国を次のように批判した。

「習近平は、西側資本の支持を得ようと注意深く築いてきたプーチンとの戦略的関係を見直すことに躊躇しており、それによって多く他の指導者と争うことになっている」（Washington Post 2022.11.16 In G-20 Talks, China Objects to Calling Moscow's invasion of Ukraine"War"）

Ｇ20ではウクライナ戦争を批判した声明が採択され、ロシアのラブロフ外相は独自の文書を提出しただけで孤立して退散せざるを得なかった。

そうした中で習近平はバイデンと会談して、ウクライナ戦争についてこれまでと調子の違う発言をせざるを得なかった。

一方のアメリカも、バイデンが習近平との会談で「米中は、競争が衝突に発展することを防ぎ、相互協力が必要な世界的な課題に共通して取り組む方策を見出す責任がある」と述べたように、Ｇ20を無視できなくなっている。

いまやアメリカ、中国、ロシアなど大国の主導によってではなく、世界の多数国の意思が国際政治を動かしてこそ、平和と安定を実現できることが明らかになってきたといえる。アメリカも中国も、世界の大局的流れを無視しては、国際社会で孤立して影響力を失うことになる。

このような国際政治の動向が、Ｇ20が開催されたバリ島でのバイデン・習近平会談に大きく影響したことは間違いない。

4、米軍事態勢は「対中国」を最優先に

バイデン政権は２０２２年10月に発表した「国家安全保障戦略」「核態勢見直し」の両報告に先立ち、同年２月11日には「インド太平洋戦略」を公表した。

そこでは、中国について「経済、外交、軍事、技術の力を合わせ、インド太平洋地域では、勢力圏拡大、世界で最も影響力のある国家になることをめざしている」と述べた。

中国はアメリカ国防戦略の最も重要な相手

中国を脅威とするこのような警戒感は同日、日本、アメリカ、オーストラリア、インド４ヵ国が参加するクアッド外相会議の共同声明でも表明された。

米国防総省は２０２２年10月27日、バイデン政権になって初めて「国家防衛戦略」（ＮＤＳ）を米議会に提出した。

そこでは、アメリカ国防の最優先事項として、「多くの領域で増大する中国の脅威に対応し、国土を防衛すること」と明記して、インド太平洋地域おける中国の脅威に対処することを優先し、ロシアについては次の優先課題として「世界秩序に深刻な脅威をもたらしている」と表現した。ウクライナを侵略したロシアは「深刻な脅威」だが、中国は「最優先で対処すべき第1の脅威だ」というのである。

「国家防衛戦略」は「中国は国際システムとその中での我々の利益に挑戦する軍事・経済・技術的な潜在力をもっている」と述べた。これを発表した記者会見で国防総省のキャスリーン・ヒックス国防副長官は「ロシアによる悪の行動に立ち向かう時でさえ、国防戦略は中国が最も重要な相手である。抑止力を強化するために緊急に行動する」と強調した。

バイデン政権はさらに「ミサイル防衛見直し」（MDR）など一連の中期防衛戦略の見直しを進めており、中国を「国際システムに対抗しうる唯一の競争相手」としている。

一方で、ロシアについては、世界各地での「妨害行為」に警戒感を示すにとどめていた。それが、ロシア軍のウクライナ侵攻とその後に明らかになったロシアと中国の接近により、対中国とともに対ロシアを含めた戦略に軸足を移す必要が生まれてきたわけである。バイデン政権による世界戦略見直し作業はウクライナ情勢の進展にも大きく作用されることになる。

アメリカは、ウクライナに対して榴弾砲など最新兵器を供給して支援している。ＮＡＴＯ加盟国のなかで、質量ともに最高である。

　ホワイトハウスは２０２２年3月末に２０２３年会計年度国防当初予算として、対前年比44％増の総額７７３０億ドルを要求した。

　これに先立ってバイデン大統領は、発足後間もない２０２１年2月4日に行った「世界の中のアメリカの居場所」と題する外交演説の中で、「中国はアメリカが直面する最も重要な競争相手である。アメリカは中国の経済的横暴、侵略的威圧的行動、人道、知的財産権、地球的統治への挑戦に直面している」と強い調子で述べるとともに、同時に「アメリカの利益になる時は北京と協力する用意がある」と表明した。

　ジョセフ・バイデンが最初に訪中したのは２００1年、上院外交委員長としてであった。相手は江沢民主席、中国はＷＴＯ（世界貿易機関）に入って、西側世界にさらに門戸を開こうとしていた。中国は貧しく、バイデンは万里の長城へ泥濘の道を歩いた。

　バイデンはホワイトハウスで習近平について、「この男はよく知っている」とスタッフに言ったことがある。バイデンは、習近平政権下の中国の現状について厳しい認識を示すとともに、対話と協力を求める姿勢を示してきたのである。

国際システムに対抗しうる唯一の競争相手

バイデン政権は２０２２年10月12日、『国家安全保障戦略」を発表した。これに先立つ２０２１年3月3日には、「国家安全保障戦略」策定にむけた指針を公表し、その中で中国については、「経済、外交、軍事、先端技術の力を組み合わせることで、国際システムに対抗しうる唯一の競争相手」とした。

この間には、ロシアのウクライナ侵略やペロシ米下院議長訪台に示される台湾海峡緊張など米中関係の大きな変動があった。「国家安全保障戦略」の作成に時間を要したのは、もちろんそうした国際情勢の大きな変動によるところが大きい。しかし、それだけではない。

アメリカの安保戦略策定は、もちろんロシアその他の諸国との国際関係に大きく影響されるが、なによりも、いまや国際情勢に大きな影響をあたえるアメリカと中国の関係がきわめて複雑だからである。つまり、バイデン政権にとっても、習近平政権下の中国に対していかに向き合うかを決めることが、それほど難しいのである。

発表された「国家安全保障戦略」は当然、アメリカの安全保障戦略をグローバルに考察しているが、やはり中心は中国である。

そこでは、「世界における力の分布が変わりつつあり、新たな脅威が生まれている」「中国は攻撃的かつ威圧的にふるまい、国際システムの中核をなすルールや価値観を弱体化させている」と、まさに〝威圧的〟〝挑戦的〟な言葉がちりばめられた。

しかし、そう言いながらも、一方では、「戦略的利益にかなう場合には、中国の協力を排除しない」と述べた。

つまり、急速に軍事大国化し、台湾海峡や南シナ海などで強化される中国の挑発的行動の危険性を強調することにより、アメリカの軍事力強化の正当化をはかる一方で、習近平政権との関係を維持する自らの軍事・外交政策を国際社会にアピールしたのである。

米「国家安全保障戦略」に中国はどう反応したか

これに対して中国は、外務省の毛寧副報道局長が翌13日の記者会見で「冷戦思考などの時代遅れの概念に固執することに反対する」「地政学的衝突や大国主義的競争を誇示することに賛成しない」と述べた。同時に、外務省報道官は、米中が「協力すれば共に利益がある、たたかえば共に傷つく」とし、アメリカに対して「中国と歩みより、米中関係を健全で安定した軌道に戻すべきだ」と求めた。

中国外交当局がバイデン政権の発表文書について争うつもりがない態度を表明したのはなぜか。中国はアメリカに対して決して敵対的ではなく、世界の安定平和のために融和的態度をとっているのだと言うのである。アジア、アフリカ、さらにはヨーロッパなどとの関係を読んでのことである。

ではメディアはどうか。人民日報社発行の「グローバル・タイムズ」２０２２年10月4日付社説は、さらに踏み込んで、ポスト冷戦時代は決定的に終わったというが、では今はどういう時代なのか、米安保戦略報告は回答を与えていないとしたうえで、「戦略報告はＮＡＴＯやＡＵＫＵＳのような軍事同盟の到達点を自慢しているではないか」と強調した。「冷戦終結以来の国家安全保障戦略の中でも、アメリカの最も明白な冷戦スタイルの表明」だというのである（Global Times, 2022.10.14 US new national security report lack of creativity of viciousness:）。

一方、米紙「ニューヨーク・タイムズ」10月13日付は、米中の抗争が軍事的分野とともに、先端的科学技術の分野でますます激しくなっていることを指摘し、中国政府系「環球時報」が社説で「中国科学技術を増強する自立・自強の意思と能力をタブーにせよ」と主張していることを指摘する（New York Times 中文版、2022.10.13）。

アメリカと中国の覇権争いは、戦争になることを避けつつ、あらゆる分野でますます熾烈になっているとみてよいだろう。実際、外交・軍事の現場では、アメリカの厳しい対中国政策が確実に動きだしている。

バイデン政権は中国への警戒を強める

中国側のこのような態度は、中国はアメリカに対決するつもりはないのだが、アメリカは中国に対して冷戦思考で軍事同盟を強化していると主張する習近平政権の意図があるように思われる。

バイデン政権は発足以来、オースティン国防長官が２０２１年1月19日の上院軍事委員会で「中国はすでに地域の覇権国であり、その目標は支配的な大国になることである」と証言したように、とりわけ軍事的には中国に対する警戒を引き続き維持している（「赤旗」2021年1月24日）。

ブリンケン国務長官は、国家安全保障戦略の「指針」を公表した2021年3月3日の講演で対中国関係を「21世紀最大の地政学上の試練」と述べた。

アメリカにとっては、日本との軍事同盟を強化し、日本に駐留するアメリカ軍の存在価値を強調し、ASEAN諸国に対しても中国のインド太平洋への進出に対して警鐘を鳴らす必要がある。同時にその一方で、習近平政権との協調関係を演出することもまた、グローバルに政策を遂行し、世界におけるアメリカの覇権を維持するうえで不可欠なのである。

中国はアメリカとの覇権争いを前面に

それでは、中国は実際のところどうなのか。

人民日報社発行「環球時報」同年4月28日付は次のように書いた。

「米中の極めて友好的でない雰囲気が常態化し、双方が外交や世論の面で互いに相手の顔をつぶすようなことが起きることに適応する必要がある。互いに政治的に尊重しあうような時代は少なくとも短期的には望めない。（中略）米中関係の核心はかなりの部分、これからの実力の競争にかかっている」

米中関係は闘争一本槍ではない。互いに対立し相争いながら、利益が一致する場合は共同もする。そこが現実の両国関係の複雑で理解しにくいところである。

「人民日報海外版」２０２１年9月21日付は、ほぼ1ページを使って「戦争はアメリカ　特権的覇権的地位を維持する核心」と見出しをつけた特集を組み、冒頭で「9・11同時テロ後のアフガニスタン戦争やイラク戦争が終わり、アメリカの対外政策は新しい段階に入った」として「政策の重点を中東からインド太平洋地域に、対テロ戦争から大国間の抗争に、直接派兵ではなく、遠方から打撃を加える代理戦争に、対外政策の方向のやり方を変えたが、変わらないのは、武力を使ってグローバルに覇権を維持する執念と野心である」とした。

本文では、外交政策、軍事行動、自分を偉いと自任、戦略調整の四つの分野について述べた。まず外交政策では「孤立主義から覇権主義へ」として、対中国政策の歴史を述べたうえで、トランプ政権とバイデン政権の根本目的を「アメリカの覇権主義を確保すること」とする。

軍事行動では、戦争はもろ刃の剣であり、戦争によるアメリカの収益が極めて大きくなる一方で、対外戦争、例えば朝鮮戦争、ベトナム戦争、アフガニスタン戦争がアメリカの国力を実質的に衰弱させてきたと指摘する。

「自分を偉いと自認」という項では、戦争がアメリカ対外政策の推進機、燃焼促進剤であると強調する。

戦略調整では、米軍がアフガニスタンから撤退した後は敵との距離は遠くなったが、各地で衝突などは続いており、地上部隊がない状況下でいつでも一般人やテロ勢力であると疑った人々を殺害する可能性があると指摘する。

以上のようなアメリカ軍事政策についての分析は、中国の知識層をはじめ民衆の考え方を多分に反映したものであり、習近平政権の対米政策にもすくなからず影響せざるを得ない。

5、インド太平洋地域における確執

米太平洋軍司令官の証言

デービッドソン米太平洋軍司令官が上院軍事委員会の公聴会で、中国軍に対して米軍地上戦力が弱体化していると証言したのは、バイデン政権発足から間もない2021年3月11日だった。

デービッド証言は「インド太平洋地域でアメリカと同盟国が直面する最大の危険は中国軍に対する通常兵力の衰えである」として、西太平洋地域においてアメリカ軍の優位性が後退しており、米軍の優位性を確保するために、「太平洋抑止イニシアティブ（PDI）に46億ドルを、2022会計年度（21年10月～22年9月）予算として要求したものである。

インド太平洋地域で中国軍と対峙するとして現場司令官がつきつけた中国軍増強の現実は、アメリカ社会に大きな衝撃を与えた。おりしも翌1週間後の18日にアンカレッジで行われたサリバン大統領補佐官、ブリンケン国務長官と楊潔篪《ようけつち》中国共産党政治局員、王毅外相の会談が激しい論争に終わったこともあって、バイデン政権は中国に対してこれまで以上に強硬な姿勢で臨む必要に迫られた。バイデン政権が中国に対して軟弱であるとする共和党の批判があり、とりわけ日本では自民党などの突き上げがあった。

とはいえ、現場の軍司令官が、対峙する相手国による軍備増強を議会で証言することは珍しいことではない。米中が今にも戦争する緊張関係にあると現場の司令官が感じていることは、恐らく間違いないが、自らが指揮する軍隊の役割をアピールし、予算を獲得するねらいもある。

一方で、アメリカ軍トップのミリー統合参謀本部議長は、同年9月28日の上院軍事委員会の証言で「統合参謀本部は中国軍の李作成・連合参謀部参謀長と、日常的に連絡をとりあっている」と証言し、米中間の戦略的安定をはかると述べた。米中両軍のトップが、戦争が起こらないように連絡し合っているのも、米中関係の偽らざる現実なのである。

南シナ海では一側触発の事件も

南シナ海における中国軍と米海軍の緊張関係は、もう長い間続いている。

２００９年3月には、海南島に近い南シナ海北部で中国艦船5隻が米海軍の海洋調査船を取り囲む事件が起きた。この時、中国側は２００カイリ排他的経済水域における外国艦船による無許可の航行は違法と主張した。これに対して、アメリカは同海域が公海であり、そこでの海洋調査活動は合法と主張して、双方が相手を非難する応酬となった。

米中双方の軍艦はあわや衝突かと思われたが、衝突する寸前に双方が舵を切って危機を回避した（末浪靖司「オバマ政権と米中関係」『季刊中国』97号・２００９年夏季号）。

２０１３年12月5日には、アメリカのミサイル巡洋艦「カウンペンス」と中国の空母「遼寧」に随伴する揚陸艦の異常接近が起きた。アメリカの艦船は同海域でそれまでも中国艦船の動きを監視していた。

「カウンペンス」も、青島の軍港を出て初めて南シナ海に入った「遼寧」の動きを監視中だった。「遼寧」は「カウンペンス」に停戦命令を出して、同艦の進路を遮るかたちになったが、「カウンペンス」は止まらなかった。しかし、その直後に急きょ進路を変えたのであった。こうして、衝突こそしなかったが、2つの軍艦は約50メートル、時間にすると、数10秒のところまで接近したのだった。

この後、ヘーゲル米国防長官は「米艦の前方に中国艦が割り込んだ。誤算をもたらす引き金になりかねない」と不快感を表明したが、一方では「アメリカは抑制的で責任ある行動を心がけている」と強調した。デンプシー統合参謀本部議長は、中国側と空・海・サイバーの3分野でルール作りが進んでいるとして、「アメリカは偶発的衝突を望んでいない。中国も同じ立場だと信じたい」と述べた。

中国側も、洪磊《こうらい》外務省副報道局長が「米中当局は連絡を取り合い、有効な意思疎通を行った。米中両軍は共に地域の安定のため密接に協力していくことを望んでいる」と言明した。

このように、米中双方が互いに戦争にならないことを望んでおり、問題を政治的に解決するという意志を表明して一件落着したのであった（末浪靖司「米中日関係の底流」『季刊中国』116号・2014年春季号）。

このように、南シナ海で米中両軍による息詰まるよう事件が繰り返し起きたのは、同海域について両国の立場に根本的対立があるからである。

アメリカ側は、南シナ海は公海であり、いずれの国の船舶・艦船も航行する権利があるとしている。しかし、中国政府は南シナ海の全域について、地図上に「九段線」なるものを書いて、その内側は中国領であると主張しており、中国国内で発行されている地図もすべてそうなっている。

南シナ海に対しては、フィリピン、ベトナム、インドネシアなど周辺各国がそれぞれ自国領の周辺海域を自国領と主張しており、中国の主張は国際社会でも認められていない。事実、2016年には、フィリピン政府の提訴により、国際司法裁判所が中国の主張を棄却する判決を下した。

そうすると、アメリカはもちろん中国も、自国の主権、領土を擁護するために南シナ海で軍事活動するという国際法上の権利はないわけである。

2015年には、アメリカ海軍のリチャードソン作戦部長と中国海軍の呉勝利司令官が、トップ会談を行なった。同年11月9日には、米中双方の海軍が米フロリダ沖の大西洋上でミサイル駆逐艦などにより合同で軍事演習した。同年11月18日には、アメリカ駆逐艦「ステザム」が上海の呉松《ウースン》軍港に入港した。このとき、アメリカはオバマ民主党政権、中国は習近平政権であった。

南シナ海に対する中国側の主張は、この海域すべてが古くからの中国領というものである。「九段線」の内側には、南シナ海のほぼ全域が含まれ、ベトナムに近く同国が領有権を主著する西沙諸島（パラセル諸島）も、フィリピンに近い所にある南沙諸島（スプラトリー諸島）も、インドネシアに近いカガヤン・スーパー島も中国領ということになり、国際社会でとうてい認められるものではない。

中国は2012年から南シナ海のスカボロー島（中国名・黄岩島）で、フィリピン軍艦と中国海洋監視船がにらみあった後、同島を占領し実効支配している。中国は2014年から南沙諸島で大規模な埋め立てを始めた。

「チャイナ・デイリー」2022年7月11日付は、王毅外相が同9日に、インドネシアのバリ島で開かれたG20外相会談後、ブリンケン米国務長官と5時間におよぶ会談を行ったとして、疲労した米中関係を修復するために、中国が実用主義、先見性、究極の誠意を発揮すると述べた。

中国外相が米国務長官に表明した態度からみると、中国軍が台湾海峡や南シナ海で米軍とことを構えるとは思われない。

ASEANが重要な役割

台湾を威嚇する中国軍の軍事演習は、その後も断続的に続いている。軍事脅迫にさらされている台湾住民の反応はさまざまだが、一方、情報が豊かで多くの国民が台湾の情勢についても通じているシンガポールでは、この紛争を通じて、アメリカが東南アジアへの軍事態勢を強化すると問題視する声が強い。

同地で発行されている「聯合早報」2022年8月10日付は、台湾側もペロシ訪台以後ずっと軍事演習を強化しているが、それは大陸に向けられたものではなく、同紙が取材した当地の学者は米空母「レーガン」が台湾海峡に入るための準備だったと指摘した。

ASEAN（東南アジア諸国連合）に参加する同地域も似たような反応を示している。

中国、アメリカ双方ともにASEAN諸国の動向にはきわめて神経を使っている。習近平主席はコロナを警戒して、2022年に入って、北京オリンピック開幕式に北京に来たプーチン・ロシア大統領のほかはだれも会わなかった。しかし、インドネシアのジョコ・ウィドド大統領とは北京で会談した。ASEANを重視するからである。インドネシアは1976年にASEAN創設を主導し、いらいその事務局を務めている。

２０２２年７月にインドネシアのバリ島で外相会談を開かれた20カ国（Ｇ20地域・外相会議）で、インドネシアのルトノ外相は「Ｇ20はウクライナ戦争を終わらせる義務があり、多国間主義の発揮を」と呼びかけた。本章冒頭で述べたように、同年11月にはＧ20がインドネシアで開かれ、バイデン米大統領、習近平中国主席ら各国首脳が参加した。

東南アジアは、かつて米ソが対立した冷戦時代に、アメリカが東南アジア条約機構（ＳＥＡＴＯ）に多くの国々を組織し、軍事基地をおいた要衝の地である。ベトナム戦争中はそこから米軍機が発進して、アジア人をアジア人と戦わせるアメリカの戦争政策の一翼を担わされた国もある。

ＡＳＥＡＮ諸国は、その反省もあって、いかなる軍事同盟も結ばず、外国軍事基地をおいていない。これらの諸国には、アメリカと中国の双方からの働きかけが年々強まっており、結成から半世紀を経過したＡＳＥＡＮは難しいかじ取りを強いられている。

６、ＮＡＴＯ諸国やＥＵに回帰か

中国のヨーロッパ諸国との関係についても、対米関係との関係で少しふれておく必要がある。

ロシアのウクライナ侵略で中国とＥＵに亀裂

ロシアのウクライナ侵略を事実上容認し、プーチン政権との距離を縮めた習近平政権は、ＮＡＴＯ（北大西洋条約機構）に加盟するヨーロッパ諸国との亀裂を深め広げることになった。しかし、その後、ウクライナ戦争への態度を手直しするとともに、ＮＡＴＯ諸国やＥＵ（欧州連合）に、再び接近する姿勢を強めている。

ＮＡＴＯは２０２２年６月29日の首脳会議で採択した声明で、ウクライナへの政治的・実際的支援を継続すると述べるとともに、「中国の野心と威圧的な政策は我々の利益と安全保障、価値観に挑戦している」と述べて中国を批判した。

これに対して中国は、ヨーロッパ駐在外交団の声明で「冷戦の産物であるＮＡＴＯが冷戦終結30年後にまだ敵を作っている」と激しく反発した。

さらにＮＡＴＯのストルテンベルグ事務総長は首脳会議声明の発表後に「中国は台湾を脅して周辺諸国を威圧している」と重ねて中国を批判した。これに対して、中国外務省は「中国の利益を損なうなら、断固として対抗する」と反論するなど、対立は深まるばかりである。

ヨーロッパ諸国が加盟するＥＵ（欧州連合）は、中国とこれまで新疆ウイグル自治区や香港などでの人権抑圧にＥＵ諸国が抗議するなどの緊張関係はあったが、ＥＵ諸国の対中投資は活発で緊張関係は抑えられていた。しかし、ロシアのウクライナ侵攻によって亀裂を抑えられなくなった。

さらに習近平政権は、ＮＡＴＯの東方拡大に対してもロシアとともに危機感を強め、ＮＡＴＯとの対立を深めている。

もっとも、ロシアがウクライナに攻め込んで、あたかも世界政治の焦点にあるような印象になっているのは、独裁者プーチンの強権ぶりによるものだが、フランス、ドイツ、イタリアなどＥＵ主要国指導者の政治力欠如も影響している。

ＮＡＴＯ東方拡大についていえば、それは１９９９年にチェコ、ハンガリー、ポーランドが加盟したのが始まりである。なぜこれら３つの国が真っ先に西側軍事同盟であるＮＡＴＯに入ったのか。それぞれ歴史的事情がある。

チェコ（当時はチェコスロバキア）では、１９６８年４月にチェコスロバキア共産党中央委員会が複数政党制などを決議、６月には自由を求める知識人が「２０００語宣言」を発表し、民主主義を求める運動が高揚したが、ソ連軍の弾圧によって押しつぶされた。有名なプラハの春である。

ハンガリーは１９５６年６月、ブタペストで10数万人がソ連軍撤退、複数政党制を要求してデモ行進などで意思を表明したが、ソ連軍が前首相らを逮捕して処刑した。ハンガリー動乱である。ポーランドでは１９５６年10月に給料未払いなどに抗議する運動が始まり、政府が武力弾圧する強硬策に出て暴動に発展したが、軍隊により鎮圧された。ソ連崩壊後、これら３国はいち早くＮＡＴＯに加盟した。
東欧諸国には、ソ連の軍事介入に苦しんだそれぞれの歴史的背景がある。その後、２００４年にはエストニア、ラトビア、リトアニアのバルト３国、スロバキア、スロベニア、ブルガリア、ルーマニア、２００９年にはアルバニア、クロアチア、２０１７年にクロアチアが、それぞれＮＡＴＯに加盟した。

7、核保有国としての覇権争い

核兵器の問題は、米中関係の中で重要な位置を占めており、両国の当事者の間ではこの問題をめぐっても激しい論争が行われている。

自国の核戦力を大きく見せる

２０２１年８月にハノイを舞台にオンライン形式で行われたＡＳＥＡＮ（東南アジア諸国連合）地域フォーラム（ＡＲＦ）では、アメリカのブリンケン国務長官が、香港や新疆ウイグル自治区における人権侵害とともに、中国の核兵器政策をとりあげ、「最低限の核抑止力を維持するという長年の戦略から大きく離れ、核軍備を急速に増強させている」として、中国の核兵器政策に対して「深い懸念」を表明した。

これに対して中国の王毅外相は「中国の内政に干渉するもの」と反論したが、アメリカが指摘した中国の核兵器揮発とその保有の見通しには反論しなかった。そして、「2030年に中国が1000発の核兵器保有に到達するというのは、ペンタゴンの一年前の予測の25倍ではないか」としながらも、それは否定せず、「中国の核兵器庫の状況は最高の国家秘密の1つであり、中国の核戦力についてのワシントンのいかなる主張も憶測である」とする。

こうして中国は、核戦力保有を飛躍的に強化するというアメリカ国防総省の「推測」を自ら宣伝し、それを否定も肯定もせず、むしろ自己宣伝しているのである。これは自己の核戦力を大きくみせることにより相手を威嚇して攻撃させないようにし、さらにはこちらの要求をのませる核兵器の効果を高めるための術策なのであろう（「環球時報」2021年11月21日）。

バイデン政権のカービー報道官は2021年11月8日の記者会見で、米国防総省が新しい「国家防衛戦略」を作成中で、来年早い時期に公表されると述べた。

同報道官はまた、国防総省は同時に「核態勢見直し」についても作業中であるとした。とくにアメリカの「3元戦略核戦力」（strategic nuclear triad）の近代化を他の諸課題の中でも優先し、「アメリカが国家の核戦略に合致するのにふさわしい力を確保する」とした。

「３元戦略核戦力」は、核兵器による世界戦略を構成するアメリカ政府の政策を表したもので、核兵器搭載爆撃機、戦略原子力潜水艦、核弾頭付大陸間弾道弾（ＩＣＢＭ）を指している。

国防総省によれば、核態勢見直しは、アメリカが抑止力により国家の安全を確保し、同盟国に頼られる拡大抑止を確保しながら、核兵器の役割をいかに減らすか、その第１歩にするというものである。

いうところの「拡大抑止」とは、アメリカが同盟国に提供する核兵器による戦力によって侵略を防ぐというものである。拡大抑止の確保とは、核兵器に固執するということであるが、核兵器の役割は減らし、同時に通常戦力によってもアメリカの利益を守るというわけである。いずれにしても、核の傘をかぶせられた国はアメリカに多かれ少なかれ従属せざるを得ない。言うことを聞かなければ、傘をはずすという脅しにより、アメリカ核戦力への依存を深めることになるからである。

カービー報道官はまた、「核態勢報告を発展させることは真空のなかで行われているのではなく、アメリカはそれを発展させるなかで戦略的同盟者を引き入れつつある」と述べた。

バイデン政権は対中国抑止を強化するひとつとして、ＡＵＫＵＳ（オーストラリア、イギリス、アメリカ）を組織した。オーストラリアに戦略原子力潜水艦を提供するといわれるが、それは核兵器を現状の核保有５大国が独占するアメリカの核政策と矛盾するものであり。内容はまだ十分に明らかではない。
これまで台湾海峡の紛争でバイデン政権が「曖昧戦略」をとっているように、対中国戦略を明確にしないバイデン政権の現状が、ここにも表れているようである。

核兵器廃絶を求める各国に対抗する共通の立場

米中両国は、ともに核兵器を保有し、核戦力を競いあっているが、いまや91カ国という圧倒的多数の国々が調印し、すでに68カ国が国々の批准している（2022年12月現在）核兵器禁止条約に調印せず、核兵器廃絶を求める国際世論に対抗するうえで共通の立場にたっている。

ストックホルム国際平和研究所（SIPRI）によれば、2021年時点で核兵器保有数は、ロシア6255発、アメリカ5550発で、中国が第3位で350発、フランス290発、イギリス225発、パキスタン165発と続く。

一方、アメリカ国防総省は2021年11月、中国が2030年までに少なくとも1000発の核弾頭を保有する意向をもっている可能性が高いと分析した報告書を公表した。同省は、中国が現在推定している核弾頭保有数を約200発超と見積もっており、わずかあと8年ほどで一気に5倍に膨れ上がり、アメリカはロシアとともに、中国はアメリカも軽視できない核軍事大国になるという。

米国防総省の発表に対して、中国の「環球時報」2021年11月21日付は、そんなことはわからないというだけで、否定するわけではない。自分のほうからは言えないが、アメリカが自らの核戦力強化の理由とするために宣伝してくれるのは、ありがたいということだろう。それが核兵器の脅しによって、自らの意思に他国を従わせようという核脅迫政策の本質でもある。それは、アメリカは第2次世界大戦末期からずっとそれをやってきたし、現に実行しているものである。まさに核兵器禁止を求める諸国民に敵対する核保有国同士の覇権争いである。

核戦力として重要なのは、核兵器とともに、それを運搬して、目標に正確に命中させる手段である。

中国は、超音速（ハイパーソニック）兵器の実戦配備を２０２０年に開始した。極超音速兵器滑空隊はその発射実験を繰り返しており、その技術はすでにアメリカを追い越したとも言われる。

中国の核兵器は２０２０年6月の時点で少なくとも３３５発が海軍艦船に配備されたと思われる（New York Times 2020.6.26, China's Military Provokes its Neighbors, but the Message is for the United States）。

中国の核保有は、それを発見して対抗することが難しい、より機動的なＩＣＢＭ（大陸間弾段ミサイル）を保有しているとされている（Financial Times 2021.8.6 China tests Biden with rapid nuclear arms build-up）。

中国の核戦力で軽視できないのは、同国が新戦略兵器削減条約（新ＳＴＡＲＴ）に加わっておらず、核軍縮交渉にとらわれずに、核兵器の開発・保有・配備ができることである。同条約はアメリカが実戦配備できる核弾頭数を1万５５００発に制限しているが、同条約への中国の参加は問題になっていない。米中関係の現実が、この問題でも国際社会に重大な影を落としている。

さらに、核兵器に関しては、アメリカと北京の間にホットラインはなく、両国は中国の実験についても対話をしたことがない。中国当局は、アメリカとロシアが中国の5倍以上の核弾頭を保有しているとして、軍縮協議に入ることを拒否しているとも報じられている（New York Times 2021.11.28 As China Speeds Up Nuclear Arms Races, the U.S. Wants to Talk）。

「第2砲兵は中国核戦力の革新的力」と強調

中国は自国の核兵器や核戦力の開発について公表しなくなった。1964年に第1回核実験を行い核保有国の仲間入りをしたが、この時は核兵器全面禁止に努力すると声明した。3年後の1967年に第1回のICBM実験を、その後1996年に第45回目の核実験を行ったのを最後に、その後の発表はない。

ただ人民日報社の環球ネットは2015年12月9日に、アメリカの報道を紹介するという形をとった文書を掲載し、その中で「中国核原潜も発展」として、中国が同年5月に進水させた3隻の原子力潜水艦には、垂直発射ミサイルを発射できる中距離システムを搭載しており、日増しに増える中国の原子力潜水艦が米海軍艦艇にはますます脅威となり、米軍艦艇が中国の付近に接近する動きに重大な影響をあたえていると書いた。

環球ネットの論評はまた、「中国はいかなる状況下で核兵器を使用できるか」と問題提起し、「中国は戦術的手段か、あるいは戦域区域レベルの核攻撃力として、優先的に有利な態勢をつくるために使用する」とした。アメリカが、１９５０年代に、戦場で「使える核兵器」として1キロトンから30キロトンの戦術核兵器を開発し、さらに１９６０年代に「限定核戦争」のためとして一定の地域で使える戦域核兵器を開発したのと同様の考え方である。すなわち、アメリカ軍が広島、長崎で原爆を投下したように、通常戦力の相手に対しても核兵器を先制的に使用するのである。

同時に、中国は大陸からアメリカを直接攻撃できる大陸間弾道ミサイルの開発に力をいれている。

国務院新聞弁公室は「人民日報」２０１３年4月17日付に「中国武装力の多角的運用」と題する論文を掲載し、その中で次のように書いていた。

「第2砲兵は、中国の戦略的抑止の核心的力である。中国に対する他国の核戦争を抑止し、核兵器による反撃と通常ミサイルによる正確な打撃を遂行する任務を主として担い、核ミサイル部隊、通常ミサイル部隊、作戦保障部隊などにより構成される」

この時点で同軍報の記者がミニブログ（微博《ウエイボ》）に書いたところによると、第2砲兵には、大陸間の戦略弾道部隊があり、この段階で数10発多弾頭戦略ミサイルの発射実験を成功させたということである

アメリカでは、米領グアムを射程に入れる「東風26」と命名された中国の大陸間弾道ミサイルを

警戒する声が強い。
とはいっても、これは核兵器保有大国間の話である。中国とアメリカは核兵器の問題で対立しているように見えても、核兵器に固執することで共通の立場にたっているのである。

8、世界制覇かけた熾烈な競争

「人民日報海外版」2022年3月31日付は「アメリカ――国際秩序の最大の破壊者」という見出しで、「徒党を組むアメリカは、集団主義と国際協力の破壊をほしいままにしている。国連は集団機構の核心であり、集団的協力の主要な舞台である」として、アメリカのインド太平洋戦略とともに、その中でのクアッドなどを批判した。

中国軍も地球的規模で展開

アメリカは、インド太平洋戦略のもとで米英豪日による新たな準軍事同盟を組織し、これは中国に向けられたものであると西側の新聞でも報じられている。これが武力による威嚇・武力の行使を慎まなければならないと定めた国連憲章の違反することは明らかである。

問題は、中国が国連憲章を厳格に守って、このアメリカに対抗しているのかどうかである。

「グローバル・タイムズ」2022年8月22日付は、人民解放軍の空軍大佐の言明として、Y20輸送機がこれまでにアジア、アフリカ、ヨーロッパ、太平洋に飛び、必要なところどこにも飛ぶとしたうえで、J20ジェット戦闘機はすでに東シナ海、南シナ海、台湾海峡を越えて飛行していると、「人民解放軍の強力さ」を強調したと報じた。

中国軍の戦闘機が東シナ海、南シナ海、台湾海峡にとどまらず、広い諸大陸の海域を越えて、諸大陸に展開して、必要な兵員や物資を届ける兵站支援も可能であるというアピールである。

中国軍はすでにアフリカの南スーダンに駐留し、現地武装勢力の襲撃をうけて犠牲者も出している。地球上のどこに、どれだけの軍隊を派遣したかは明らかにされていないが、アフリカでは現地軍に対する支援や訓練が増えている。

日本のマスコミや論壇では、米中両国が軍事力増強を競いあい、アジア太平洋で緊張関係にあり、米中の覇権争いが現代世界の平和と安全を脅かしているという論調が増えている。防衛省は、中国が核兵器とミサイルなどその運搬手段の開発と増強を進めており、日本の平和・安全のためには日米同盟の維持・強化、在日米軍と自衛隊の増強と活動が重要であると強調している。

バイデンの中国との深い関係と姿勢

バイデンが大統領選挙で売りものにしたテーマの一つは、対中国政策だった。2022年秋の米中間選挙は共和党が中国問題を民主党批判の材料とし、中国との競争が大きな争点になった。

バイデンは米外交雑誌『フォーリン・アフェアーズ』2020年3〜4月号「アメリカはなぜ再び指導しなければならないか――トランプ後の米外交政策を救え」と題する論文で、「中国の挑戦に対する最も効果的な方法は、アメリカの同盟とパートナーが中国の横暴な行動や人権侵害と対決する連合を構築することである。たとえ我々が気候変動や［核］不拡散、地球的健康安保などの問題で北京に協力を求めるとしても」と書いた(Joseph R. Biden, Why America Must Lead Again, Rescuing U.S. Foreign Policy After Trump, Foreign Affairs March/April 2020)。

一方、中国指導部が考えているのは、2つの大国が競争しながら世界を取り仕切ることである。バイデンが2020年11月の大統領選挙でトランプ氏を破って当選したことを、中国は外務省報道官の記者会見で歓迎を表明した。

バイデンは副大統領として2011年にオバマ政権の副大統領として初めて訪中し、胡錦濤政権の副主席だった習近平と会談して以来、何度も訪中して、両者は緊密な米中関係を築いてきた。

習近平はバイデンをくみしやすい相手とみたのだろう。バイデン当選に対して習近平は、2020年11月16日に早速ビデオ会談を行い、その中で「米中関係の発展は重要な段階にあり、世界の2つの経済大国として、また国連安保理常任理事国として意思疎通をはかり、連絡を密にして協力しあい、国際的責任を果たさなければならない」と述べた。

この会談を報じた人民日報海外版２０２１年11月17日付は「バイデンは米側が中国の体制を変えることを求めず、軍事同盟を強化して中国に反対することを求めず、中国と衝突する意図もないと言ったが、アメリカはそれを実際の行動で示さなければならない、言行不一致は通用しない」と書いて期待を表明したのだった。

「中国の体制を変えない」。これこそ、習近平政権がバイデン政権に求める根本的要求だった。もちろんバイデンにはそんなつもりはない。そのアメリカとの関係こそ、習近平が中国の内政、外交両面にわたってもっとも重視するものである。

アメリカは台湾、香港、新疆ウイグル自治区のいずれの問題でも、中国を激しく攻撃しているが、中国はそのような否定的問題だけではなく、良好な対米関係は政権基盤を強化し、国内の安定をはかるためにも欠かせない。

中国で発行されている、当局に近い「国際新聞」２０２０年11月23日付は「オバマ政権の時よりも多くの改革派が政権に入るかどうかに注目している」と、バイデン政権に期待する中国の見方を伝えた。

これに対してバイデンは、大統領選挙中から、中国との貿易摩擦を緩和し、中国が国際的ルールを遵守するよう圧力をかけるために、同盟国と緊密に取り組む意思を強調したと米紙「ウォール・ストリート・ジャーナル」２０２０年11月27日付は指摘した。

同紙によれば、バイデンが考えていたのは、習近平と非公式の関係をつくり維持することだった。このようなバイデンの中国に対する態度は、ウクライナ戦争が始まり、中国がプーチンを支持すると変化したが、とにかく大統領選挙でトランプが中国批判を売りものにしたのとは対照的だった。

中国の人権・民主主義欠如批判を売りものに

バイデンは、大統領選で中国の民主主義欠如、香港・新疆ウイグル自治区での人権抑圧を繰り返し批判した。そうでなければ中国批判を選挙戦の重要な武器としたトランプ陣営に勝てないという計算もあったが、バイデンの本音でもあった。日本では、トランプに続いてバイデン政権でも「米中冷戦は必至」と新聞、テレビで報じられた。

しかし、中国の公的メディアは対米関係の冷却化を否定し、米中融和を強調した。人民日報社発行「環球時報」２０２２年11月18日付は、「米ソ冷戦を提案した」とされているジョージ・ケナン元モスクワ駐在米大使の長文電報の一節を引いて、「中国はソ連のようにはなりえない。中国は米中関係の擁護者であり、両国には巨大な経済力と柔軟な相互利益があり、米中冷戦にはならない」と書いた。

バイデンの中国に対する姿勢は、トランプ政権のポンペオ国務長官が7月に長い演説をした中で中国を「新たな専制国家」「破綻した全体主義」と攻撃したのに対して対抗するためだったので、いずれ修正するか、撤回される運命にあった。

それは中国における人権・民主主義の問題と結びついた問題でもあり、そこにはアメリカ建国の歴史にもかかわる根本の問題がある。第5章ではその点について、米中関係を中国の人権・民主主義との関係で詳しくみるが、習近平がいかに甘い言葉で接近しても、アメリカには中国に対して甘くは対応できない事情がある。それはアメリカの軍産複合体の問題である。

軍産複合体は、軍需産業をはじめとする巨大企業と国防総省・統合参謀本部・陸海空軍・海兵隊など軍部が結びついたもので、とりわけ第2次世界大戦後はその動向を抜きにして、アメリ政治を語ることはできない。

その利益を直接代表する国防総省は2021年11月3日、中国の軍事・安全保障年次報告書を公表し、国家戦略、外交政策、経済計画、軍事力開発の背景について述べた。

報告書がとりわけ注目するのは、中国の核戦力の発展である。

報告書によれば、中国は2027年までに700発の核弾頭を保有し、2030年までには1000発になり、世界の軍事大国なるとして、次のような国防総省当局者の発言を引用する。

「人民解放軍は、（中国から）遠く離れた地点を攻撃し、軍事力を維持できるよう、いっそう巨大な海外兵站基地と基本的部隊支援施設を確立しようとしている。我々はいまやインド太平洋の当面の状況に対応するだけではなく、インド太平洋と世界全体について語っている」（Defense of Department, China Military Power Report Details Advances, Details Advances, Goals, in 2020, DOD news, 2021.11.3,)。

最近はアメリカや日本の軍事・安全保障に関する文書では、インド太平洋における緊迫した状況が強調されるが、インド太平洋だけではない、いまや世界的規模で米中が軍事的に対峙しているのだと国防総省当局者は言うのである。

9、米中経済関係の現在

米中の覇権争いは、経済関係ではとりわけ熾烈である。この分野では少しの譲歩も自らの損害に繫がるからである。

中国は２０２０年代に国民総生産（ＧＤＰ）でアメリカを追い越すと言われていたが、最近は中国の当局もメディアもそのことにふれなくなった。むしろ中国がアメリカを追い越すのは難しいという議論もでてきた。

習近平独裁体制は経済発展にマイナス

中国のＧＤＰ（国民総生産）はＩＭＦ（国際通貨基金）や世界銀行によれば、アメリカに次いで世界第2位、ロシアの約10倍である。中国はいまや、経済でも軍事でも、アメリカに対抗する世界第２の大国として、国際政治における存在感を大きくしている。

一方、アメリカでは、軍産複合体が政治・経済・文化・イデオロギーなどあらゆる分野で影響力をもち、戦争賛美と軍国主義の風潮が支配している。

中国経済は今世紀に入ってＧＤＰ（国民総生産）２桁成長の驚異的な発展を記録したが、２０１２年以降は傾向的に低下し、２０１９年後は８％前後になり、22年の各四半期は年率４％台だった。

１９８０年代の「改革開放」政策から新自由主義経済に移行した中国経済の発展は、欧米資本の導入と低廉な労働力によるところが大きく、中国経済がこれからどうなるかは世界経済にも大きな影響をあたえる。

２０２２年10月に開かれた中国共産党第20回大会では、これまで中国経済の運営に携わってきた李克強首相や対米経済関係を担ってきた劉鶴副首相らが退任したことも、今後の中国経済の先行きに対する不安材料になっている。

ＥＵとの経済関係回復とアメリカの投資に期待

李克強首相は２０２２年8月16日に、広東、江蘇、浙江、山東、河南、四川の省長らを広東省深圳市に集めて経済会議を開いた。経済を回復軌道に乗せるためには、政府としても手を打つ必要があると見たからである。

李首相は席上、これらの六省が全国の人口の6割以上、雇用の4割を占めているとして、経済回復のために地方政府の役割に期待を表明し、自動車、住宅などの消費を拡大し、各種のプロジェクト建設に資金を投入することを要請した。

これら6省は、輸出入と外国資金利用でも全国の6割を占めており、国際経済との関係が重要になる（「文匯報」２０２２年8月17日付・「日中友好新聞」9月15日号「中国レーダー」李首相は経済回復に懸命）。

李首相が強調したひとつは、ヨーロッパ諸国からの対中国投資の促進である。かつてのような高度成長を期待できなくなった中国にとって、それは重要な意味をもつ。ＥＵ諸国の対中国投資はコロナ・パンデミックとウクライナ戦争に影響されてしばらく低調が続いたが、その後、ＥＵ諸国は資本の再配置先として中国を重視するようになってきた。

ニューヨークに本部をおく調査会社・ロディアム・グループの調査によれば、ヨーロッパの各企業がサプライ・チェーン（供給連鎖）として中国を再び評価するようになり、対中国直接投資は2018年から2021年には、自動車、加工食品、医薬品、生物工学、化学、製造業などの分野で注目されるようになってきたという。中国商務省によれば、2020年の最初の8カ月間でEUの対中国投資額は前年同期より123・7％増えた（Global Times 2022.9.23, European FDI into China shows, resilience, Concentration, defies decoupling calls will maintain Momentum observers）。

オーストラリア元首相が語る中国の期待

中国の対米投資も少しずつ回復しつつあり、2022年には少なくともこの1～2年のうち2番目に高い水準になるとされている。アメリカ当局者によれば、中国の投資者は同国で投資会社を立ち上げ拡大するための情報や専門的知識を得ることが比較的有利であることが、役立っているという（Wall Street Journal 2022.9.16, Chinese Money Flows to U.S. Venture Funds）。

「チャイナ・デイリー」2022年5月13日付は、「外国の企業が長期にわたって中国で活動していることが、この国の繁栄につながっており、それによってこの国は、ロシアとウクライナの紛争、激しいインフレーシン、弱い経済回復などによりもたらされる不安定に立ち向かうことができる」と書いて、外国投資のありがたさを指摘している。

そして、中国は、外国の直接投資の安全な安息地（haven）となっており、統一された国内市場を生みだし、確実な中所得者層などがこの国への投資を広げることが期待されるとしている。

中国日報社が発行するこの英字紙は、西側諸国をはじめ諸外国で広く読まれており、アメリカ国内にも読者をもっている。中国が政治的あるいは軍事的にアメリカと緊張関係にあるなかでも、中国はこのように投資の安定性やその効果を対外的にアピールしているわけである。

かつてオーストラリア首相として対中国外交を積極的に進めたケヴィン・ラッド（現アジア協会会長）は、米外交雑誌『フォーリン・アフェアーズ』2021年3・4月号で、中国当局がバイデン政権発足前からアジアとヨーロッパで新たな貿易投資協定を結ぶために積極的に行動したことを指摘して、次のように書いた。

「中国にとっての短期的リスクと長期的な強さが結びついている中で、バイデン政権に対する習近平の一般的外交戦略は、できるだけ早く現在の緊張を和らげ、2国間緊張関係をできる小さくすることである。そして、トランプ政権時代に断ち切られたワシントンとの高いレベルの軍事的コミュニケーションのラインを開くことである」

そのうえでラッドは、短期的には中国のリスクは大きいが、長期的には中国が強いとしたうえで、バイデンに対する習近平の一般的外交戦略は目下の緊張関係をやわらげ、安全保障上の危険を防ぐためにできる限りのことを実行することであるとして、そのために北京が考えていることを次のように指摘する。

「この目的のために、トランプ政権時代に大きく打ち切られた高いレベルの軍事的通話ラインの正常な政治対話の再開について、ワシントンに期待を寄せるだろう。北京は、２０１８～19年の米中貿易戦争の中で崩壊するまでは両国間の主要なルートとして役立っていた米中戦略的経済対話を再開することに、たとえワシントンが興味を示さなくても、ワシントンと十分に開かれた高いレベルの意思疎通のラインを開くことに期待を寄せるだろう」

これは、かつてオーストラリアで労働党政権を樹立し、中国との関係を築いたラッドが、ワシントンで米中関係の実情を取材して書いたものである。

中国経済の動向を注視するアメリカ

今やアメリカをはじめ世界は、中国経済の動向を注視するようになっている。

米経済紙「ウオール・ストリート・ジャーナル」２０２２年8月22日付は、西側資本は中国の工場への依存を減らそうと話しあっているが、中国は過去2年間で世界における製造品で支配的立場を強固にしたとし、「アメリカといくつか同盟国は安全保障と国際供給網の脆弱さへの憂慮から、中国依存に対する憂慮を募らせている」と指摘している。

世界の製品輸出における中国の割合は、国連貿易開発機関のデータによれば、価額にして２０１９年の13％から、コロナ・パンデミック下でも、２０２１年末までにさらに15％増えた。「中国の輸出ブームは２０２２年も続き、世界経済が物価上昇に直面しているので減速するとした経済学者の予測に挑戦している」と同紙は書いた（Wall Street Journal, 2022.8.22, China's Dominance in Exports Glows）。

アメリカのスーパー・マーケットなど小売店で売られている消費財の多くは、電気製品から雑貨にいたるまでメイド・イン・チャイナである。

２０２０年の大統領選挙でトランプ、バイデン両陣営が大量に使用したアメリカ合衆国の国旗も、中国で作られていた。浙江省義烏《ぎう》（イーウー）の業者が、アメリカのバイヤーから注文をうけて大量に作ったものだ。発注はリーマン・ショックの影響が残っていた２０１０年の最初の６カ月は11％ほど減ったものの、それ以外では年々16％ずつ増えたという。

中国の生産者はトランプの支持者にもバイデンの支持者に対しても、低価格で製品を提供できる。義烏の商人は、「偉大なアメリカを再び！」（Great America Again!）と書いた野球帽を、１ドル以下の88セントという低価格で提供した。それでもアメリカの小売商には利益があり、義烏の製造業者は１ドルが入るというのである。米中経済関係のもう一つの現実である。

この事実を報じたイギリス有力紙「フィナンシャル・タイムズ」２０２０年10月６日付は「アメリカ大統領選挙の熱気が恐らく中国の対米輸出復活の最も堅固な分野かもしれない」と指摘した（Financial Times 2020.10.6, US election goods lift Chinese Factory Profits）。

義烏は、浙江省の中でもかなり内陸にあり、東シナ海や膠州湾の海岸線からもかなり距離がある。それでも、ここがアメリカの市場と直結しているのは、日用雑貨の有名な生産と卸売りの中心地だからだろう。北京で発行された『地理辞典』には、「国際的水準の日用雑貨の流通と展示のセンターで、ここの生産物は世界中で販売される」と書かれている。

２０２０年10月にここを訪れた「ニューヨーク・タイムズ」スタッフ・ライターのケイス・ブラッドシャーは同月28日の電子版で、義烏について「公式に国際トレード・センターと呼ばれており、エンパイヤ・ステートビルの約12倍のフロア面積がある。ここには、約７万の店舗があり、「トランプの野球帽もバイデンのものもある」と書いた。

米中は経済でも一連托生

これが、米中「競争」関係の実態とすれば、その行方はアメリカの競争者にとっては厳しいものであるが、かつてアメリカがイギリスを追い越して世界経済の支配的地位を占めたように、21世紀の世界は中国の一人勝ちとなるのだろうか。そうであれば、台湾海峡の紛争でも中国がアメリカの挑発にのって軍事力を行使するようなことにはならないだろう。

もっとも21世紀に入ってＧＤＰ年間成長率２桁を超える年もあった中国経済は、このところコロナウイルスの影響もあり、停滞傾向が顕著である。経済成長の推進役となってきた不動産投資は企業の過剰債務の処理に悲鳴を上げている。

それだけに、アメリカをはじめ外国資本の導入や海外との経済交流がますます重要になっている。「人民日報海外版」2022年5月16日付は「国際市場は軽視できず、対外開放は統一した大市場の基本的要求である」と強調する。

米紙「ウオール・ストリート・ジャーナル」2022年5月13日付は「アメリカに次ぐ世界第2の中国経済の減速は大きな危険を示すものだが、中国の2021年のGDPは米国の24%に次いで世界のGDPの18%を占めた」と、世界経済における米中両国の比重の大きさを指摘する。

米中は経済の分野でも、やはり一連托生である

第4章

米中関係のこれまでとこれから

1、2つの覇権主義国の「競争」の中身

激しく対立しているように見える米中関係であるが、その関係を振り返ってみると、親密な関係の時代もあった。両国の関係を歴史的経過の中でみることは、現在の米中関係を深く理解する上で欠かせない。

1784年、「皇后号」広州入港に始まる

米中関係の歴史は、アメリカ独立戦争翌年の1784年にボストンの商船「中国皇后号」がアメリカ国旗を掲げて、建国後最初の中国向け航海をしたことに始まる。

共同通信社のワシントン支局長などを歴任した松尾文夫氏は、広州市で中国皇后号が入港した頃の状況を調査し、当時は外国からの船が必ず立ち寄ったマカオの海事博物館を訪れて同船の記録を依頼して送られてきたメールを紹介している。そこでは、同船は1784年8月、マカオと広州に到着したとする次の文書を引用して、この文書はアメリカ側から「逆流」した可能性が強いと述べている。

「翌1785年5月には、投資金の25パーセントもの利益を得てフィラデルフィアに帰港し、大きな評判を呼んだ。ワシントン大統領は302個の陶器を購入したといわれている」（松尾

文夫『アメリカと中国』岩波書店、２０１７年1月27日、74頁）

王朝が交代して来た中国の悠久の歴史は、１８４０年のアヘン戦争でイギリス軍によって打ち破られた。

その後、多くの中国人がアメリカ大陸にわたり、ゴールド・ラッシュの金鉱開発や大陸横断鉄道建設の労働力を提供した。

20世紀に入ると、１９００年の義和団事件では、アメリカもヨーロッパ諸国と一緒に軍隊を送って鎮圧にまわるなど、他の帝国主義国と変わらない行動をとった。

第1次世界大戦後、アメリカはロシア革命とその影響をうけた五・四運動に始まる中国の革命運動を利用して、日本などの中国進出を牽制したが、やがて革命運動が自らの中国進出の妨げになることを警戒するようになった。１９２５年には上海市などで20数万の労働者が参加するゼネストが起きたが、アメリカはイギリスなどとともに陸戦隊を出して鎮圧にまわった。

その後、アメリカは中国侵略を進める日本と激しく対立するようになり、これが太平洋戦争に発展していったことは、現にみる通りである。

日本の敗北後、アメリカは蒋介石政権を支援することにより、中国に対する支配をはかったが、このアメリカの策略は中国革命の進展により、見事に失敗した。

朝鮮戦争からベトナム戦争へ

アメリカは国連でも、台湾に逃れた蒋介石政権を「中国の唯一の政府」とした。米中の対立は1950年6月25日に始まった朝鮮戦争で決定的になった。トルーマン政権は同日、米海軍第7艦隊を横須賀から台湾海峡に入れ、国民党軍を追跡していた人民解放軍は福建省の前線で前進を阻まれた。

トルーマン政権は1951年5月には、軍事顧問団を台湾に派遣するとともに、国連では台湾の国民党政府が中国を代表する政府であるという虚構に固執した。この虚構により、日本の吉田茂首相に蒋介石政権と「日華条約」を結ばせ。アメリカは、「大陸反攻」を掲げる蒋介石政権を、政治・軍事・経済のあらゆる面で支援した。

中国の周恩来首相は1951年8月11日、台湾解放の決意を表明し、中国華東軍区に戦闘待機命令を出した。大陸沿岸に接近し蒋介石軍が支配する金門島では中国軍と台湾軍の激しい攻防戦になった。

台湾海峡の紛争は、しばしば「米中戦争か」といわれたほど激しくなった。アメリカは台湾の蒋介石政権を政治・経済・軍事などあらゆる方法で支援し、1954年12月2日、蒋介石政権に米台相互防衛条約を結ばせた。

こうして台湾は、1951年9月締結の日米安保条約、1953年10月の米韓相互防衛条約、

１９５４年9月の東南アジア集団防衛機構（ＳＥＡＴＯ）を結んで、アジアにおけるアメリカの軍事同盟網の重要な一角を担うことになった。

アメリカはそうして、国際社会における中国の活動をあらゆる方策を使って妨害した。いわゆる「中国封じ込め」政策である

アメリカは西側陣営に属す諸国に対して、「中国封じ込め」に参加するよう働きかけたが、これは全体として成功しなかった。

アイゼンハワー政権下でロバートソン国務次官補は１９５８年11月25日、ディロン国務長官代理にあてた「共産中国の抑制水準を上げる統合参謀本部の提案」と題する秘密書簡で、中国を抑制することをロンドン、パリ、ボン、ローマ、東京に電報で要請したが、各国の協力が低い水準にとどまっていると述べた（From Robertson to Dillon. JCS proposal to Raise Level of COCOM Controls,1958.11.25 confidential）。ロバートソンによれば、イギリスは「そんなことをしても成功しないだろう」といい、フランスは「金門島は米中とはかけ離れた問題だから、中国抑え込みの強化には反対する見込み」だと回答した。こうして「中国封じ込め」はアメリカの一人芝居に終わり、アメリカに追随したのは日本くらいであった。その日本についても、ディロンは戦略的レベルで貿易統制をすることなどできないと認めていた（From Robertson to Martin], Field Evaluation of JCS To Raise Proposal Level of Trade Controls 1958.11.17, Confidential,）。

アメリカはＣＯＣＯＭ、ＣＨＩＮＣＯＭ（＊）により、各国の対共産圏貿易、対中国貿易を厳しく制限したが、日本では中国との貿易を促進する民間の運動により、事実上打ち破られていった（日中貿易促進会の記録を作る会『日中貿易促進会　その運動と軌跡』２０１０年12月1日、同時代社）。

１９６０年代に入ると、アメリカはベトナムおける侵略戦争を徐々に拡大し、これが中国との対立点になった。

１９６６年6月29日には、アメリカ軍がハノイ、ハイフォンを爆撃、中国国内でも危機感が高まった。

当時、ベトナム侵略戦争を拡大する米ジョンソン政権は、ベトナムの背後に中国がいるとみていた。

ジョンソン大統領のベンジャミン・リード首席補佐官は１９６６年3月25日、ホワイトハウスのスタッフにあてたアメリカの中国政策に関する覚書で、「アメリカは、共産中国が政治的に歓迎しない相手を犠牲にする試みを挫折させたいと思っている」とし、そうした「目的を暴力と武力行使によって達成しようとする北京の独断的な教義や制度」を非難したが、同時に一方で、「北京が興味があることを示すいかなる兆候も歓迎する」とつけ加えることを忘れなかった（Memorandum for Mr. Bromley Smith, The White House, Subject: Letter to the President from Donald P. Ray on United States-China, 1966.3.25, POL CHICOM -US)。

ベトナム駐留米軍は１９６９年には54万９５００人に膨らんだが、それでも粗末な兵器の南ベトナム解放民族戦線に勝つことができなかった。同年秋には南ベトナム全土の５分の４もの人口を擁する国土の３分の２が解放戦線の支配地域となった。

台湾向け武器輸出に異議唱えず

アメリカが北京政府を中国の唯一の政府と認めたのは、１９７９年1月のカーター政権による米中国交回復の時だった。カーター大統領は鄧小平副首相の要求を受け入れて、アメリカと台湾の外交関係は消滅し、米華（米台）相互防衛条約を終結させ、台湾駐留米軍も４カ月以内に撤収することを明らかにした

１９７８年12月に発表された共同コミュニケでは、アメリカ政府は「中国は一つであり台湾は中

（＊）ＣＯＣＯＭは、対共産圏輸出統制委員会（Co-ordinating Committee Control for Export to Communist Area）の略称。ソ連、中国などに対する西側諸国の戦略物資や技術の輸出を統制するために、アメリカが１９４９年に作った。ＣＨＩＮＣＯＭは、対中国輸出統制委員会（China Committee）の略。朝鮮戦争勃発を契機に、アメリカ主導で１９５２年に設立したが、間もなく統制機能を実質的に失い、１９５７年にＣＯＣＯＭに統合された。

カーター大統領と鄧小平副主席（いずれも当時）

国の一部であるという中国政府の立場を認識する」としていたが、中国語の表現は「中国政府の立場を承認する」と書いて、さらに踏み込んだ内容になっていた。そして、両国政府は共同コミュニケとは別にそれぞれが声明を発表し、アメリカ政府はその中で、台湾政府と非政府関係を維持するとのべていた。

当時、華国鋒首相は記者会見で、米国による台湾向け兵器輸出については、中国政府は同意していないが、正常化の障害とはしないと明らかにした（岩波講座現代中国6巻『現代中国をめぐる国際環境』1999年2月20日、岩波書店134～135頁）。

アメリカ議会はその直後の1979年4月に、台湾関係法を成立させ、「平和手段以外による台湾の将来の決定」を米国の重大な関心事として干渉することを宣言し、「兵器を台湾に供給する」

と述べた。アメリカは、中国と国交を結びながら、台湾問題に引き続き干渉することを公然と表明したのだった。

キッシンジャー元アメリカ国務長官によれば、「鄧小平は米国が台湾に不特定の武器を売却することを容認した。台湾問題の最終的な解決が平和的に行われることを希望するとの米国の声明にも、中国はこの点で、いかなる公式の義務も負わないとの付記を加えはさせたものの、異議は唱えなかった」という（Henry A. Kissinger *"On China"* 2011, The Penguin Press　邦訳「キッシンジャー回顧録・中国」岩波書店（下）2012年338頁）。

この後、米中両国の関係は飛躍的に発展した。アメリカが台湾向け兵器輸出を再開したのは、1980年11月の大統領選挙で当選した共和党のレーガン政権下であった。中国側は激しく反発したが、1983年4月には銭其琛《せんきしん》外務次官が「米中関係の悪化にもかかわらず、技術・経済協力は続けていきたい」と述べ、趙紫陽首相は事態打開にむけて動いていた。

米中の軍事協力が進展

中国は、翌1984年1月には胡耀邦中国共産党主席の下で趙紫陽首相が訪米し、レーガン大統領と軍事協力を強化することで一致した。

レーガンが一般教書演説で「強いアメリカ」を強調して、戦域核兵器の欧州配備や巡航ミサイル・

トマホークの実戦配備など核戦力の強化に乗り出したのは、その直後だった。

レーガンは同年4月に訪中し、中国がアメリカの軍事力増強を支持することで合意した。

1986年11月には、アメリカ海軍の巡洋艦、駆逐艦、ミサイル・フリゲート艦の3隻が山東省の青島に寄港し、太平洋艦隊司令が中国海軍司令と会談、中国北海艦隊司令部では中国海軍艦隊司令官と交流した。同年10月に訪中したワインバーガー米国防長官は、弾薬、高性能レーダー、戦闘機装備品などを中国に輸出することで、中国側と合意した。

中国当局は、軍事力によるアメリカの一極支配を維持しようとするレーガン政権の世界戦略とどこまでも共存できると考えたのだった。アメリカの核戦力を含む強大な軍事力は中国に向けられたものではないという理屈をつくりあげたのだが、では、それはどこに向けられたものであるかということは、あえて言わなかった。

中国とソ連の関係は1980年代の半ばになると、少しずつ改善され始めたが、それでも中国は1989年2月にブッシュ米大統領の訪中を打診するなど米中の良好な関係を維持することに腐心した。

同年5月には、アフガニスタンからのソ連軍撤退という条件も重なり、中ソの首脳会談が実現したが、それでも中国は米中関係の維持に努めていた。

ブッシュ米大統領は1989年7月1日に、スコウクロフト国家安全保障担当大統領補佐官とイーグルバーガー国務副長官の使節団を北京に派遣し、彼が中国をいかに重要なものと考えているかということを北京政府に伝えさせた。同年６月の天安門事件からまだ３週間しかたっていない時だった。

ブッシュ政権のこれら中枢メンバーの中国旅行は異様なものであった。キッシンジャーはその状況を次のように描いた。

「(彼らは) 標識のない米軍のC１４１輸送機で北京に飛んだ。彼らの到着は極秘にされていたため、中国防空部隊は、この正体不明の航空機を撃ち落とすべきかどうか、国家主席の楊尚昆に問い合わせたと言われている。輸送機は途中で給油のために着陸する必要がないように、空中給油装置を備え、使節が直接、ホワイトハウスと連絡を取れるよう、特別の通信装置も搭載していた」(前掲『キッシンジャー回顧録・中国』邦訳４５７頁)

天安門事件とそれに続くポーランドでの改革派「連帯」の圧勝、１９８９年11月のベルリンの壁崩壊、バルト３国（ラトビア、リトアニア、エストニア）のソ連邦離脱、東ドイツの西ドイツへの吸収など、次々に起きる東ヨーロッパの激変は中国指導部に対して大きな衝撃を与えた。

しかも、衝撃はそれにとどらなかった。１９９１年には、中国とともに「社会主義」を名乗っていたソ連が消滅した。そうして、中国の体制もまた危機に陥りかねない新しい情勢に直面した中国指導部が選択した道は、いっそうアメリカに接近することだった。

１９９７年には江沢民主席が訪米し、翌98年のクリントン大統領訪中は8日間もの長丁場になった。アメリカ首脳が中国の農村に出かけて、農民たちと車座になって話し合う写真に、世界の人々は米中関係の奥深さに認識を改めたのだった。

アメリカ軍スパイ機を丁重に

中国は、２００１年にはＷＴＯ（世界貿易機関）加入により世界市場と直結し、アメリカ、ヨーロッパなどの多国籍企業による資本投下を歓迎した。中国の企業は外国の資本や技術を吸収することにより、生産力を飛躍的に発展させることができたのだった。

それまで効率の低い国有企業が中心だった中国経済は、強者は生き残り、弱者が淘汰される民営企業による経済が中心になり、世界市場と結びついた資本の競争により経済を発展させる新自由主義経済に変貌していった。もっとも、共産党が統治する中国では、「社会主義」の看板を下ろすわけにはいかず、「社会主義的市場経済」と自称した。実利主義に長けた中国当局者の知恵であった。

もっとも米中関係は一路順調に発展したわけではなかった。21世紀に入ると、米中関係には大きな風波が押し寄せた。

２００１年4月には、中国大陸沿岸を飛行していたアメリカ軍偵察機と、それを追跡・監視していた中国軍機が接触し、中国機は大破、米軍偵察機は海南島に不時着した。中国政府は自国の領土すれすれにスパイ活動するアメリカ軍を国際法違反と非難し、米中関係は「１９８９年いらいの低迷」といわれるほどになった。

しかし、世界中が中国の出方に注目していたなかで、中国当局がとったのは、アメリカと事を構えないことであった。

海南島に不時着した米軍偵察機について、中国当局は２００１年7月、機体を解体して、アメリカに丁重に送還した。アメリカのパウエル国務長官は同月、訪中して謝意を表明した。

米中間では、１９７９年の国交樹立後、翌80年から軍事トップの交流が始まった。さらに、今世紀に入ると、両国間の軍事交流が急速に発展し、２０１２年にはピークの達した。

同時多発テロ直後の２００１年10月に上海で開催されたアジア太平洋経済協力会議（ＡＰＥＣ）では、ブッシュ大統領と江沢民主席が個別に会談して、双方がテロ対策で協力しあうことを表明した。

イラク戦争の中で米中交流

ブッシュ大統領は２００２年1月29日、イラン、イラク、北朝鮮を「悪の枢軸」と呼んで、これら3国に対する軍事的威嚇を強化した。２００３年3月には、ブッシュ政権は、オサマ・ビンラディンがアフガニスタンに潜伏しているとみて同国に対する〝報復戦争〟を始め、その後20年にわたる泥沼の侵略戦争に入っていった。さらにアメリカは２００３年にイギリスを巻き込んでイラク戦争を始め、これも長い戦争になった。

中国は、このようなアメリカの戦争を批判しなかった。胡錦濤主席や温家宝首相は繰り返し訪米して、ブッシュ大統領と会談し、あるいは電話会談を重ねて、親密な関係を気築いていった。

胡錦濤政権になると、当初はブッシュ大統領と、あとではオバマ大統領とのそれぞれ頻繁に行われた相互訪問などを通じて米中関係はさらに発展した。米軍は４月７日には、イラク全土を掌握、12月にはフセイン大統領を拘束した。

しかし、イラク戦争に対しては、ベトナム戦争以来の戦争反対運動がアメリカ国内をはじめ世界各国でわき起こった。フランス、ドイツなどサミット（主要国首脳会議）参加国を含めて世界中の約７割の政府が反対し、アメリカは国際的に孤立を深めていた。中国も、イラク戦争に対して、「アメリカの原則と利益にそって国際の安全保障秩序をつくりあげる一国覇権主義を表明したもの」と批判した。国連安全保障理事会でも、中国はフランス、ロシアなどとともに、イラク戦争に反対してアメリカと対立した。

それにもかかわらず、米中両国の首脳と軍部による交流はそうした中で急速に発展したのであった。２００２年２月には、ブッシュ大統領が訪中、同年４月には胡錦濤副主席が訪米して、ブッシュ大統領と会談するなど、あらゆる分野で米中間の往来が活発になった。

イラク戦争開始から間もない２００３年10月には、曹剛川《そうこうせん》国防相が訪米し、米軍偵察機接触事件いらい凍結されていた米中軍事交流の再開を合意した。ブッシュ大統領は同年11月、銭其琛《せんきしん》副首相をホワイトハウスに招いて、温家宝首相の訪米を招請した。

銭其琛・ブッシュ会談に同席した鄭必堅《ていひっけん》中国共産党中央党学校副校長は帰国後、米誌『フォーリン・アフェアーズ』２００５年９・10月号に書いた論文で、「ソ連崩壊のような国際政治の劇的変化と同様に、米中関係にはここ数年来、起伏があったにもかかわらず、中国は今日の国際情勢の中で挑戦よりも機会があるという信念を堅持している」と書いた。

ブッシュ大統領は２００３年12月に訪米した温家宝首相に対して、中国を「21世紀の危機に対処する外交上のパートナー」として、対テロ戦争での協力を要請した。対して温家宝は「両国の幅広い協力は共通の利益、世界の平和と安全のために有益である」と応じた。パウエル米国務長官は「米中関係はこの30年で最良の時」とテレビ・インタビューで述べた。そして会談では、米中間の懸案問題について引き続き協議するとともに、双方が「米中両国の共通の利益」を強調し、そのために協力しあってゆくことで一致した。

２つの大国が共通の利害関係にたって世界の問題を取り仕切っていくという考え方である。米中が台湾海峡や新疆ウイグル自治区などの問題で激しくやりあっていても、ともに覇権主義大国として利害関係を共通にしていることを確認しあったのだった。

対テロ戦争を支持、米中はさらに接近

ブッシュ政権は同時多発テロ後に、「対テロ戦争」と言って、イラク侵略やアフガニスタン戦争を始めたが、中国はこれらを批判しなかった。アメリカはアラビア半島のイエメン革命政権を爆撃し、爆撃を続けるアラブ首長国連邦（ＵＡＥ）やサウジアラビアと関係を今も維持しているが、中国はアメリカを批判せず、アラビア半島のこれらの国々と友好関係を維持している。

いったいなぜ、今世紀初頭に、アメリカと中国はこのような協調関係になったのか。

重要な要因の１つは、米中経済関係の発展である。

２００３年12月には、両国の貿易総額は１０００億ドルを超え、中国に投資するアメリカ企業は４万社に上った。中国にとってアメリカは第１位の輸出国であった。

２００４年４月には、アメリカ国防総省が「核態勢再検討報告」の秘密報告部分で、中国をイラク、北朝鮮、イランなどとともに、核攻撃の対象国の１つにあげていたことが、米紙「ニューヨーク・タイムズ」によって暴露された。それにもかかわらず、２００５年11月には、中国がブッシュ大統領を北京に招いて米中首脳会談が行われた。席上、胡錦濤主席は「米中は戦略的パートナーシップである」として、「21世紀の建設的協力関係を全面的に推進する」と述べた。それに対してブッシュ

は「この会談が重要な影響力を持つ2国間関係になるように」と応じた。米中関係は、双方の首脳が「戦略的利益の共有」を確認しあうまでに進んだのであった。

当時、アメリカではゼーリック国務副長官が2005年9月2日にニューヨークの米中関係全国委員会で「中国はどこへ?――メンバーから責任共有者へ」と題して講演した。

この講演でゼーリックは、中国が国際体系の中で責任を負い、ステーク・ホルダーとして、アメリカと共同して、この国際体系を維持させるようにしなければならないと述べた。

そのうえでゼーリックは「中国はこれから数年で世界にますます大きな影響を与えるだろう。中国は地球的規模で民主主義に反対しているわけではなく、資本主義と死活的に闘っているわけでもない、とりわけ重要なのは中国が国際システムの基本的秩序を覆すことに自分たちの将来をかけているのではなく、逆に、現代世界のネットワークに依存することで、成功する道を選んでいる、だからアメリカは中国に世界の重要問題について責任を担わせることができる」と述べた。

中国側でも、袁鵬・現代国際関係研究所研究員は、一方には「中国の平和的発展を受け入れるアメリカの戦略決定者の実務的志向」があり、他方には「まずまずの小康社会実現の外部環境として米中関係の長期的安定を必要とする中国の事情がある」と述べた。現代国際問題研究所は中国外務省シンクタンクであり、袁鵬は中国外交に影響を与える立場にいた（「人民日報」2005年11月25日付）。

米中の軍事交流も発展した。ラムズフェルド国防長官は、大統領訪米に先立って訪中し、胡錦濤主席と会談した。この会談で胡錦濤は「米中両国がそれぞれ世界に影響力をもつ国として世界の平和と発展に責任を負い、利益を共にしている」と述べた。

同日の「チャイナ・デイリー」は、両国は対テロ戦争や大量破壊兵器防止で協力を約束したとして、「9・11以後新しい時代に入った」と書いた。

「新型の大国関係」を確認

2005年といえば、アメリカ軍がイラクでサダム・フセイン大統領を拘束して殺害した後、「連合国暫定統治機構」の名により傀儡政権を発足させた直後である。

イラクでは、これに抵抗する各地の武装勢力がテロ活動に走り、2005年8月末にはバグダッドで956人が死亡する大規模なテロが起きていた。当時、中東諸国をはじめ世界各地では、イラク戦争に反対する反米デモが広がっていた。

アメリカ軍はこの頃までにイラク戦争で、2100人をこえる死者を出していた。アメリカ国内でブッシュ支持率は最低になり、ブッシュ退陣を求める声がアメリカ国内で高まっていた。

中国外務省のシンクタンク・国際問題研究所が発行する『国際問題研究』2005年11・12月号所収の論文は「良好な国際関係がグローバル（地球的）目標であり、それが根本的利益になる」と書いた。

　胡錦濤主席は2006年4月に初訪米した。胡錦濤政権下では、中国が「新型の大国関係」をかかげ、アメリカとの安定的で互いに協力し合う関係を追求した。

　一方で、この頃になると、軍事関係では、米中両国は相互の融和をはかりながらも、互いに軍事力強化を競い合い、少しずつ互いに相手を非難するようになっていた。

　中国の軍事専門家は、相手の核ミサイルを無力化するアメリカのミサイル防衛や核兵器搭載トライデント潜水艦による速戦グローバル打撃戦力（PSD）に対する批判を強めた。『現代国際関係』2008年1月号の中国外交軍事専門家の座談会では、「アメリは中国を含む東南アジアで強大な軍事的能力を保持しており、イラク戦争で兵力が不足していても、いったん台湾海峡で戦争が起きれば、空中や海上から速戦攻撃する能力がある」と述べ、アメリカ軍によるグアムや日本の基地へのB52爆撃機、F22戦闘機配備に対する警告を繰り返した。

　それでは、中国は対米融和路線をやめたのか。

　2008年に入ると、中国当局は米空母ミニッツや米第七艦隊の香港寄港を容認し、さらに米国防長官や太平洋軍司令官を相次いで招請し、軍事ホットラインの設置でも合意した。

　ブッシュ政権末期には、台湾への兵器売却に中国側が抗議し、米中軍事交流が中断したが、これもクリントン訪中の際の米中外相会談で再開がきまった。

「ニューヨーク・タイムズ」2008年10月23日付は「アメリカの当局者や多くのエコノミストたちは、アメリカとヨーロッパの経済が落ち込んでいる時、中国の引き続く成長が世界経済にとって死活的に重要である」と書いた。

2009年2月には、クリントン国務長官が訪中して、米中関係を「同舟共済し」(同じ舟に乗って助け合う)と言い、対して温家宝首相は「携手共済」(手を携え共に進む)と応じた。

李肇星外相は「人民日報」で「単独行動主義と好戦政策は多くの問題を引き起す」と書いた。つまりアメリカに対してはその単独行動に目をつむり、一方、国内では批判するように使いわけたのである。

2009年にロンドンで開催されたG20(主要20カ国金融サミット)でオバマ米大統領は、米中関係を「世界で最も重要な2国間関係。重要な国際的地域的も問題で共同の利益をもっている」とし、胡錦濤は「21世紀の積極的な協力関係を共同で建設したい」と述べた。クリントン国務長官は楊潔篪外相との会談で「米中が建設的生産的関係を深めることが不可欠である」と述べた。

「相互信頼・共同努力」うたう

アメリカと中国の良好な関係は、2013年3月に発足した習近平政権と、2009年に始まったオバマ政権の下でも続いた。

胡錦濤主席とオバマ大統領（いずれも当時）

オバマ大統領はG20に先立つ同年2月24日の施政方針演説では「米国は今世紀の脅威に単独では対処できない」として、ブッシュ政権下で強まった単独行動主義はとらないで、NATOや日本などの同盟国とともに、中国など関係各国との協力を重視する姿勢を表明した。その3日前の21日にはクリントン国務長官が楊潔篪中国外相との会談で「世界には膨大な課題があり、アメリカは中国と積極的に協力する」と述べ、金融対策、気候変動、安全保障の3つの分野で協力が必要だと述べた。

2011年、アメリカのゲイツ国防長官が訪中し、中国軍の第2砲兵司令部を訪問した。第2砲兵司令部は核戦力部隊を指揮する司令部である。ゲイツは靖志遠第2砲兵司令員から、中国の核政策、核戦略の説明を受け、「極めて率直な会談だった」と感想を語った。

2012年には、梁光烈《りょうみつれつ》中国国防相が訪米し、アメリカと陸海空・海兵隊の4軍を訪問した。アメリカ側は4軍がそれまで中国に開示したことがない第一級の軍事基地と指揮センターを開示した。

2013年6月には、習近平とオバマが8時間にわたり会談して、米中首脳が「信頼感」を強調するまでになった。2013年8月に訪米した常万全・国防相は、ヘーゲル国防相と会談するとともに、アメリカ軍太平洋司令部、北方司令部、北米防衛司令部の三大司令部を視察し、「相互信頼・共同努力」を確認しあった。

もっとももこのような米中蜜月は、双方の覇権主義的な世界政策から出たものであり、不安定さを免れなかった。

とりわけ軍事面では、オバマ政権は「リ・バランス」（再配置）と呼ばれるアジア重視の政策をとることにより、アメリカ軍を中国大陸とその周辺地域に寄せつけない能力をもとうとする中国軍を阻止する方策を強化しつつあった。

そのために、アメリカ軍は日本に自衛隊海外派兵を求めるとともに、韓国軍、オーストラリア軍とも連携する「エアー・シー・バトル（統合海空戦闘）構想」を進めるようになった。

しかし、それにもかかわらず、この時期の米中関係は首脳間の「信頼関係」が基本であった。オバマ政権のドニロン大統領補佐官は講演で「アメリカの対中国政策は中国封じ込めではなく、中国とは建設的関係を築く」と述べていた。オバマ政権の目標は、超大国としてのアメリカの地球的規模における覇権的地位の保持であり、この点は現在のバイデン政権下でも変わらない。

問題は、経済力と軍事力の両面でアメリカを追い越すことを視野にいれるようになった中国に、いかに対応するかということであった。

アメリカが目指しているのは、過去も、現在も、軍事力と軍事同盟により自らが主導する国際社会の安定である。そのために必要な場合には、軍事攻撃もためらわない先制攻撃戦略をとっている。

これに対して中国は、それが自らの利益にあう場合は追随するか黙認するが、そうでない場合は反対するか抵抗する。前者の場合はたとえば「対テロ戦争」と称して進められたアフガニスタン戦争、イラク戦争、さらにはアフリカ大陸の各地で進められている戦争や武力介入である。後者の場合は、たとえばアメリカのイランとの抗争である。

中国は、アメリカの世界支配に反対し、その具合的あらわれを批判する。それはアジア太平洋、アフリカ、中南米など世界各国の利益や国際平和のためではなく、あくまでも自国の利益のための対米批判である。

トランプ政権下で緊張したが

２０１６年11月の大統領選挙でトランプが勝利すると、習近平主席はただちに祝意を伝え、「人民日報海外版」同年12月5日付では「小細工で米中関係の大局は変えられない」と強調した。

さらに、翌年1月にトランプ政権が発足すると、同紙1月23日付は「協力し、ともに勝利するのが正道」と書いた。背景には、トランプ政権がアフガニスタン戦争や中東アラビア半島に生まれた革命政権を転覆するために全力をあげて、中国に対処する余裕がなかったことがある。

それとともにトランプの個人的な事情もあった。トランプは上海市で不動産を買収するなど、巨額の蓄財をするうえで中国と深い関わりがあったからである。

トランプは大統領に就任すると、まず長女イバンカの夫であるクシュナーを大統領顧問に任命した。「ニューヨーク・タイムズ」は、クシュナーの協力で中国企業がニューヨーク市マンハッタンなどで多くの不動産を取得していると報じた。トランプは中国政府と深いパイプをもつプランスタットを中国駐在大使に任命し、大使は記者会見で「旧友の習近平氏との友情を深め、強化することを楽しみにしている」と述べた。大統領に就任したトランプは、このように利権がらみで対中国融和で仕事を始めたのだった。

トランプは2017年11月に訪中し、習近平との会談で「米中はアジア太平洋、とくに東南アジアで協力しつつ競争している」と述べた（「人民日報海外版」2017年11月10日）。

ホスト側の中国公的メディアのこの報道からは、習近平との首脳会談がかなり緊迫したことがうかがわれる。

中国は「修正主義国家」と国務省

この後、トランプ政権は2017年12月、「国家安全保障戦略」を発表したのを皮切りに、2018年1月に「国家防衛戦略」「核態勢見直し」と、安保・防衛に関する文書を相次いで出した。

「国家安全保障戦略」は、アメリカに対抗する勢力として、①アメリカの利益に挑戦する中国とロシアの「修正主義国家」、②アメリカに脅威を及ぼすイランと北朝鮮、③「聖戦主義テロリスト」――の3つをあげた。

「修正主義」というのは、経済のあり方が利潤を追求するという点ではアメリカと同じだが、自由・民主主義ではないという意味である。そして、中国は急速な経済発展を背景に世界中に進出して、アメリカの利益を脅かしているというのである。

トランプ政権の「国家安全保障戦略」に対して中国側は、華春瑩外務省報道局長が記者会見で「大国間の協調・協力を発展させる」「米中関係の健全な関係を維持する」と述べた。トランプ政権が何を言っても、中国は問題にしないという態度をとったのである。

その背景には、米中が結びつきを強め、とりわけ中国側がアメリカと事を起こさないという態度に徹していたことがある。

アメリカの側でも、トランプ政権が「国家安全保障戦略」を出す直前の同年11月には、トランプが訪中して、習近平主席との会談で「米中協力の促進」を確認していた。トランプが何を言っても、中国がそれを選挙民むけの演出と見たとしても不思議はなかった。

この時点で中国の対米貿易は大幅な黒字が続いており、アメリカ国内では、アフリカをはじめ世界各地に進出する中国企業に対する警戒感が高まっていた。

日本では、米中間のこのような状況を奇禍として、「米、中国への対抗に重点」などと、「米中対立」が宣伝され、防衛省などは中国を念頭においた「防衛力整備」を強調した。

貿易摩擦からファーウエイ制裁に

経済貿易摩擦をめぐる米中の応酬は、カナダが逮捕したハイテク通信技術企業ファーウエイ（華為）技術公司の孟晩舟《もうばんしゅう》副社長を、アメリカが起訴する事態に発展した。ファーウエイは、アメリカ政府を相手取って提訴し、中国政府がこれを支持したことにより、「やっぱり米中対立か」といわれた。

ファーウエイは、中国軍の技術者もかかわって設立されたといわれ、トランプ政権は米軍による同社製品の仕様を禁止するなど、ハイテク企業副社長の逮捕・起訴にも米中の争いの影があった。

２０１８年11月には、中国はトランプ政権を「単辺主義」と呼んで批判した。「人民日報」は「単辺主義の横行は世界を害する」と題した論評で、アメリカを非難した。

しかし、対米批判の矛先はトランプ政権の二酸化炭素排出規制についてのパリ協定からの離脱やイランとの核合意破棄に向けられたものであった。

「単辺主義」は、日本語で言えば「単独行動主義」である。

しかし、中国政府はこの問題でも、「貿易戦争に勝者はない」（「環球時報」２０１９年２月27日）とアメリカとの紛争に発展しないよう努めたのであった。「アメリカ第一」を掲げるトランプを相手に、それとの紛争を回避しながら、自国の利益を優先させることが、この時期の中国の対米政策の特徴だったといえる。

このようにトランプ政権は、中国への対抗意識を鮮明にするとともに、アメリカがブッシュ政権、オバマ政権下で進めた対テロ戦争から、中国を意識した大国間の「競争」へ世界戦略を転換しつつあることを印象づけた。

トランプが国防長官に任命したマティスは、２０１８年１月19日、「我々は中国やロシアという現状変更勢力からの脅威の高まりに直面している」と述べた。

マティスが「中国とロシアの脅威」を前面に押し出した背景には、イラクやシリアで進めてきた「対テロ戦争」が一段落し、大国間競争の中でのアメリカの存在価値をＮＡＴＯ（北大西洋条約機構）加盟国や日本などの同盟国に印書づける狙いもあった。そのために、マティスが出した「国防戦略」には、「侵略抑止と秩序維持のため、インド太平洋地域で同盟を強化する」と書かれた。

このように西側同盟国やアメリカ国民、とりわけ保守層に対しては、「中国の脅威」を強調する必要があるが、中国を相手にした外交交渉ではそれだけでは通らないのも米中間の現実であった。

２人の米国防長官の中国認識

南シナ海や台湾海峡で米中の緊張が強まる中、２０１８年6月末の訪中では、マティスは習近平主席との会談で、アメリカは中国との軍事関係の発展を重要なものとしているとし、「今は米中にとって、関係を前進させるために作業している重要な時だ」と述べた（China Daily. Weekly、2018.7.2-8）。

これに対して習近平はマティスとの会談で、「祖先からの領土は一寸たりとも失うことはできない」と述べて、南シナ海問題へのアメリカの介入に対して強い姿勢を示す一方で、「広大な太平洋は米中両国とその他の国々を受けいれることができる」と米中が折り合えることを強調した。

この頃、日本では、米中国防相の会話は外交辞令であって、心の中では相手をいかにやっつけるかを考えているのだという指摘もマスコミ論調などに出ていた。もしそうなら、両者は何のために会談してこんな議論をしたのかということになる。

事実は、中国とアメリカが戦争せずに、利益をいかに両国で分けあうかという習近平政権とトランプ政権の本音を述べあったのだった。

２０１８年8月になると、トランプ政権のエスパー国防長官が演説で「中国との大国間競争の中心地はインド太平洋だ」として、中国を理由にインド太平洋の軍事態勢を強める米軍当局の意図を表明した。それも「同盟国には、公平かつ釣り合うやり方で貢献してもらう必要がある」として、日本など軍事同盟国の負担で実行する意図を表明した。アメリカの軍部にとっては、インド・太平洋という広大な地域でアメリカの軍事態勢を、日本のような軍事同盟国の負担によって強化することが重要で、中国はそうした義務を同盟国などに協力させるうえでも重要な存在だったのである。

中国はトランプ政権にいかに対応したか

トランプ政権下のアメリカ対中国政策の変化に対して、中国はいかに対応したか。

トランプ政権の「国家安全保障戦略」に対して、華春瑩外務省報道官は「米中間の健全な発展を維持する」とし、人民日報社発行の「環球時報」は「ワシントンは中国の台頭を受け入れ難いだろうが、そうした感情はアメリカ社会を代表ししていない」と述べた。

そのうえで、マティスの「国家防衛戦略」報告に対しても、中国側は「地球的利益を守るコストは高くつくが、米中が安定力だ」として、逆にアメリカに協力を呼びかけたのだった。

さらに「核態勢見直し」報告については、「アメリカは核のない世界への関心をなくした」と人民日報海外版２０１８年1月17日付で皮肉った。

「核のない世界」というのは、核兵器を禁止して廃絶するのではなく、核保有5大国の独占的地位を保持する前提にたったもので、アメリカが核兵器を手放すということではない。

中国の傳聡軍縮大使は2019年5月のNPT（核不拡散防止条約）再検討会議で核兵器禁止条約が核保有五大国の核独占を前提にした「NPTを掘り崩す危険がある」として反対を表明した。

中国当局は、2018年9月、米軍の強襲揚陸艦「ワスプ」の香港寄港を拒否し、アメリカ国務省はロシアのS400地対空ミサイル・システムをロシアから購入した中国当局に制裁を課した（Wall Street Journal 2008.9.26, China Bars U.S. Navy Ship）。

2018年11月4日には、米中首脳電話会談が行われ、翌日の「文匯報」は、両国間の対話と意思疎通が回復したことを確認したと述べたが、会談は順当に進まなかったことをうかがわせた。

さらに、同年12月1日にアルゼンチンのブエノスアイレスで行われた米中首脳会談では、とくに問題になるような議論はなく、「人民日報」など中国の公的メディアは、「米中関係は特殊重要」などとしたトランプ発言などを大きく報じた。中国があくまでもトランプ政権との関係を重視していたことを示している。

2、グローバル化と相互依存

中国が１９７８年末から「改革開放」と言って市場経済に乗り出した時、世界の資本主義経済はブレトンウッズ体制が崩壊して、グローバル化が進むとともに、「新自由主義」が経済思想や経済運営の指導原理として支配的になっていた。

中国は、そうした国際的条件にも助けられて世界市場に参入し、それまでの閉鎖的で危機的状況にあった経済を立て直し、やがて大きく発展することになった。現在の米中関係を見るうえでも、その経過をみることが欠かせない。

経済学者をシカゴに送り政策転換

「改革開放」は鄧小平が提唱して始まったとされているが、その出発点には、毛沢東死後２年目の１９７８年末に、安徽省小崗《シアオカン》村の農民が請負生産を始めたことがあった。

毛沢東が号令をかけて中国農村で始めた人民公社はすでに崩壊しており、農民の主要な生産手段である土地は事実上、合作社の中でも生産隊という末端の集団所有に移っていた。各農家はそれらの土地を取り込んで商品作物の生産に励み、生産物を市場に出して収入を得ていた。そこから、割り当てられた土地で請負生産を始めて利益優先の生産を始めるのは、自然の流れであった。安徽省の一寒村で始まった農家請負生産は全国の農村に広がった。

そうした状況に対応して、当時の中国政府は、最初は少しづつそれまでの政策を手直ししていたが、次第に経済政策を大きく転換して、市場経済を発展させていった。

おりしもソ連経済は長年にわたり停滞し、「社会主義」と名付けられた官僚主導の経済の限界が明らかになっていた。

1991年12月にソ連邦という国家が消滅したことは、中国共産党指導部に重大な衝撃を与えた。その後、中国指導部は多くの経済学者を、新自由主義のメッカといわれていたシカゴに送った。

中国は、政府が取り仕切る国有企業中心の経済から、利潤追求を生産の機動力とする経済へ転換し、多国籍企業などの外国資本を積極的に受け入れる一方、欧米向け輸出にささえられた加工貿易を中心に経済を発展させていた。

欧米資本の本格的導入は、経済学の分野でもマルクス経済学が後退し、新自由主義の経済学が支配的になる大きな変革と結びついていた。中国社会科学院経済研究所が発行する『経済研究』に掲載される論文は、20世紀にはマルクス経済学が支配的だったが、今世紀になると、徐々に新自由主義経済学による論文にとってかわられるようになった。経済学界で権威があった劉国光・社会科学院教授が『経済学研究』に、「西側のブルジョア・イデオロギーが経済研究の活動や経済政策の分野にまで浸透している」と書いたのは2005年だった。

世界経済の発展を中国が支える

今世紀に入って、米中関係がこのように発展した背景には、アメリカやヨーロッパの資本の積極的な中国進出があった。

２００８年のリーマン・ショックに始まる金融危機とそれに続く不況に苦しんだアメリカ系多国籍企業は、競って対中国投資に走った。一時は倒産の危機に追い込まれたゼネラル・モーターズ（GM）は、社長が自ら訪中して、中国市場でのGM車販売増加により立ち直りのきっかけをつかんだ。

米中の親密な関係はまた、国際社会の安定を求める資本の利益を守る大国としての共通の利害関係により促進された。

「ニューヨーク・タイムズ」は２００８年10月に、「アメリカの当局者や多くのエコノミストたちは、米国とヨーロッパ各国の経済が落ち込んでいる時、中国の引き続く成長が世界経済にとって死活的に重要であると述べている」と書いた（New York Times 2008.10.23,）。

中国が対米関係の発展に積極的な態度をとった背景には、自国の利益を最優先して、経済の急成長を支えるため市場や資源の確保とともに、安定した国際秩序を必要とする事情があった。

20世紀末にアメリカと同じく資本の利益を生産の機動力とし、資本に対する制約を最大限小さくし、国家権力をそのために奉仕させる新自由主義による経済発展を追求するようになった点で、アメリカと利害を共有していたのである。それはまた、アメリカの資本が安心して中国に投資し、営業活動をさせることになった。

米系多国籍企業を受け入れる

今世紀に入って、米中両国は経済・貿易の面で相互依存の関係を深めてきた。資本の利潤追求を生産の機動力とする新自由主義の経済政策を取り入れ、アメリカ資本を積極的に導入するなど、米中関係が大きく進展した根本には、このように経済関係の深部における変化があったのである。

中国社会科学院経済研究所が発行する『経済研究』所載の論文は、いまでは新自由主義経済学によるもので占められるようになっている。「人民日報」２０１８年2月5日付は「改革開放と中国的特色ある社会主義政治経済学」と題して、「改革開放以来の成果は、西側経済学を導入して学んだ結果である」と書いた。

中国は、西側の資本を受け入れ、市場の拡大と新たな投資先を求め続ける多国籍企業にとって極めて重要な役割を果たしたのであった。

こうして中国は、欧米の過剰資本の投入先として西側諸国にとってもなくてはならない存在になり、また原材料、部品などを大量輸入することにより、世界各国の資本にとって重要な位置を占めるようになった。

その旺盛な需要は、アメリカをはじめ各国の経済活性化に大きく役立つ一方、低廉な労働力に支えられた安い製品の大量の流入は、インフレを抑え、アメリカ国民の旺盛な消費を支え、そうして金融を通じて世界の富を集める〝アメリカの繁栄〟に貢献したのであった。

「ウォール・ストリート・ジャーナル」２０２０年10月28日付は「北京とウォール・ストリートはさらに緊密な結び付きを強める」と見出しをつけた記事で、「北京は市場改革を加速し、外国資本を引き付ける」と指摘したうえで、「資本はより多くの収益を求めているので、中国に殺到することになる」「経済の命令は政治的関心に優先する」と書いた。

より高い利潤を求めて中国にでてゆく資本の本性は、バイデン政権下でも変わらない。同紙はさらに、「中国の当局者はバイデン政権下でも、民間資本が自らの必要に集中して長期的衝動を強めている」と指摘する。全米で最も多くの読者をもつ有力紙の指摘は、バイデン政権下のいまの米中関係をみるうえで重要な示唆を与えている。

資本主義のもう1つのタイプ

アメリカは中国の第1の貿易相手国である。中国にとっての第1の輸出市場、第2の直接投資国であり、中国はアメリカにとって重要な貿易相手国、輸入品の出所である。

ニューヨーク市立大学教授でルクセンブルグの経済学者のブランコ・ミラノヴィッチによれば、いまや資本主義が世界を支配しており、それは2つのタイプの資本主義によって達成されたという。

ひとつは、過去２００年にかけて欧米で徐々に発展してきた「リベラルな能力主義的資本主義」、もうひとつは、国家が主導する「政治的資本主義ないし権威主義的な資本主義」で、後者の代表は中国だが、アジアの他の地域（シンガポール、ヴェトナム、ビルマ）、そしてヨーロッパやアフリカの1部（ロシアとコーカサス諸国、中央アジア、エチオピア、アルジェリア、ルワンダ）にも存在するという（『資本主義だけ残った　世界を制するシステムの未来』5～6頁。ブランコ・ミラノヴィッチ著、西川美樹訳、２０２１年6月16日、みすず書房）。

中国の経済発展は、欧米各国がそうしたように原料資源を求めて、資本が地球上のあらゆるところに手を伸ばすことを必然化した。中国経済を欧米諸国のそれと異質なものとみるのは、この点でも理由を失っている。

中国商務省の研究員は２０１１年の外務省シンクタンクの雑誌に、同国の対外投資の特徴を次のように、書いた。

「後発の国際的天然資源開発者として、中国の鉱産企業が海外で獲得する資源は、多くが発展途上国や僻地にあり、これらの地域では反政府武装勢力、麻薬、密輸などがはびこる〝楽園〟になっている」（梅新育・中国商務省国際貿易経済協力研究員「中国対外直接投資の政治的リスクはなぜ増えるか」『現代国際関係』２０１１年第8期6頁）

「シコノミクス」を宣伝

中国を「政治的資本主義ないし権威主義的な資本主義」とするのは、自国を「社会主義的市場経済」と自称する中国当局にとっては、受け入れることができないだろう。

これは、１９４９年の中華人民共和建国から権力を握り続け、「私的企業の社会主義的改造」や農業部門の「人民公社」などの試行錯誤を重ねた毛沢東の死後、「市場経済」を導入することによって、中国が自ら選択した道であった。「社会主義的」という枕詞は、共産党政権のアイデンティティ（存在証明）であり、消すことができないものである。

けれども資本は、中国当局が自国の経済体制をどのように規定しようとも、市場と最大の利潤を求めて移動する。アメリカは、新たな商品の輸出先として、そして何よりも資本の投下先として、中国の転換を歓迎した。

米中経済関係の発展を反映して、オバマ政権（２００９・～２０１７・）時代には、中国国営通信社である新華社が「ニューヨーク・タイムズ」２０１６年3月14日の１ページを買い取り、「シコノミクス」の宣伝をした。

習近平の肖像写真の両側に掲載された記事では、「習近平氏の改革はサプライ・サイド」と書かれた。「シコノミクス」の「シ」は、習近平《シ・チン・ピン》の習（シ）、つまり「習近平経済学」である。レーガノミクス（レーガン経済学）やアベノミクスにあやかり、「中国もアメリカや日本と同じく新自由主義経済学に転向しましたよ」とアメリカに売り込んだのだった。

こうして中国の転換は、経済政策の分野にとどまらず、経済を発展させる考え方や思想、すなわち学術の分野やイデオロギーの転換にまで進んでいったのである。

新華社が「ニューヨーク・タイムズ」で「シコノミクス」を特集したのは、中国がアメリカをはじめとする西側社会とともに進んでゆくという習近平政権の宣言であり、アメリカ社会へのアピールでもあった。

米中関係は近年、米中対立がいわれているが、それはかつてのように体制をかけた対立ではなく、互いに資本の利潤追求を援護する国家間の抗争に代わったのである。米中両国の当局者はこれを「対立」とは言わないで、「競争」と呼んでいる。米中関係の奥深いところで進んだ資本の相互浸透は、米中関係に大きな影響をあたえずにはおかない。

当時、米中両国はオバマ政権下の米中経済関係を引き継いで、互いに多額の投資をしあっており、2018年には1月から5月までの5カ月間で革新的（ベンチャー）対米資本投資は、2015年1年間に相当する240億ドル近くになっていた。トランプ政権は安全保障上の理由により、中国からの投資を抑えにかかっていたが、中国はまだ規制されていなかった最先端技術に資金を注ぎ込んだのだった。中国の対米投資は、歴史的に医薬品、バイオ技術とともに、情報と通信の分野に集中している（Wall Street Journal 2018.7.17, Chinese Rise as Investors in U.S. Startups）。

一方、アメリカのハイテク企業も相次いで中国拠点の拡大に動き、アメリ通信大手のグーグル、フェイスブック、電気自動車メーカーのステラなどが対中国投資を拡大し、中国側も先端技術を吸収する狙いから、これら企業の取り込みに動いた（「日本経済新聞」２０１８年8月3日「米ハイテク、中国拠点拡大」）。

地球上で利益を分け合う

中国経済は今世紀になって急速に発展した。さきに紹介した『資本主義だけ残った』は、「この26年間で中国の成長率がアメリカの成長率と同等もしくはそれ以下になった年はなかった」とするとともに、「この実績の差が今後も続くかどうかもわからない」と指摘する。

著者はその理由として、「生産可能フロンティアに近づき、その成長が減速することもありうる」という。

米中両国は、世界の安全保障や経済に強力な支配力をもつがゆえに、互いにその有利さと利益を放棄しようとは考えない。それぞれがグローバルに、つまり地球上のどこでも投資や企業活動を行う大国として、資本の自由な活動とそれを支える世界の安定と秩序を維持しようとする。そうしてこそ、それぞれの利益になる。この点では米中は相互に依存しあい利害を共有しているわけである。これが、激しく対立しているように見える米中両国の底流を貫く現実である。

政治面では緊張関係だが

しかし、政治面では、現実の米中関係は、もはやそのような平穏なものではなかったことは、その後の経過が示している。

米中間の貿易戦争が激化するなかで、中国側はアメリカからの大豆、小麦、石油製品の輸入、アメリカ資本の導入を拡大することにより、膨らむ一方の対米出超の緩和をはかったが、アメリカ側は中国の資本導入規制を非難し、これに政治面での両国の緊張が加わった（Wall Street Journal, 2019.2.1 To Broker China Trade Deal, Trump Expect to Meet Xi）。

この頃になると、米中関係は貿易摩擦に政治的不安定が加わってさらに不安定になり、中国は引き続きアメリカの主要な市場であるものの、多くの製造業者を悩ませることになった（Wall Street Journal, 2019.2.1, China's Slowdown Hits Growth Globally）。

トランプ・習近平両政権の下で急速に悪化した米中関係について、中国国務院が発行する月刊学術誌『現代国際関係』２０１９年第10期所収の二つの論文は次のように指摘する。

劉豊・南海大学周恩来政府管理学院教授「米中戦略的競争の限度と管理」は、「戦略的競争」が両国間で進んでいるという。

「１９７２年以降、米中協力はまず戦略と安全保障の分野で始まり、たえず深化してきた。冷戦終結後はそれが経済と貿易の分野に急速に広がった。その後40年余の間に、米中関係の発展は絶えずさまざまの緊張と危機的状態を伴いながら、しかし米中が協力する全体としての構造は変わっていない。当面、アメリカの中国に対する認識と政策の転換が進むのを受けて、戦略的競争が主導的な両国関係になろうとしている」

次に趙明昊《ちょうめいこう》・復旦大学国際問題研究員「アメリカの競争的対中国戦略の分析」は、競争をコントロールせよと主張する。

「大多数のアメリカ・シンクタンク専門家は、米中が悪性の対抗関係に陥らず衝突しないことがアメリカの利益に合致し、中国を封じ込めたり、中国と『新冷戦』になったりすることはやるべき政策選択ではなく、したがってアメリカは、依然として中国と必要な対話を行うべきであって、競争をコントロールする、より好ましいやり方を追求するべきであると考えている」

中国の学者は中国共産党や政府と深い結びつきがあり、ここに紹介した見方はトランプ政権下のアメリカ政府やアメリカ国民の状況をふまえた中国当局の見方や主張をかなり反映している。

トランプ政権下の２０１９年に、米中相互の投資は拡大し、アメリカ自動車大手のＧＭ（ゼネラル・モーターズ）グループの販売台数は、アメリカ国内の約３００万台に対して、中国では約４００万台だった。中国の対米投資も２０１５年より増えた。

軍事面でもアメリカを意識

中国は習近平政権下で軍事力増強に力を入れているが、これは軍事力によりアメリカに対抗するためだろうか。

中国国務院は2019年7月に国防白書「新時代の中国国防」を発表し、海外で使う軍事力という、現代における中国軍の役割を前面に押し出した。

白書には、習近平政権下で進めてきた中国軍の改革について、「大幅に陸軍を減らし、海軍とロケット軍を増やした」と書かれた。2015年の白書でも、海外の軍事行動に触れてはいたが、2019年版ではそれを正面に据え、全面的に展開した。軍隊の精鋭化に力を入れたのは、軍事面でもアメリカに追いつき、分野によっては追い越すことを意識しているからである。

中国軍の正式名称は、中国人民解放軍である。今ではアメリカ軍と対抗できることを目標にするまでになってきたのだが、もともとは1927年の南昌蜂起で創建され、蒋介石軍との戦争の中で名乗るようになったものである。

すでに中国は多くの国々に投資し、そうした国々の政府との取り決めや国連PKO（平和維持活動）として、少なくない国々に軍隊を派遣している。つまり少なくとも現在の時点では、中国軍はアメリカ軍と戦争することは予定していないのである。むしろ、世界第1位の軍事大国であるアメリカと協力し、利益を分け合うことにより、その中で国際社会の安定をはかろうとしているのである。

もし中国が、軍事面でもアメリカに対抗することを意識するようになれば、国際情勢にも大きく影響することになるだろう。

２０１９年の国防白書発行から３年余を経て、「グローバル・タイムズ」２０２２年9月7日付は、ウクライナ戦争の中で中国とロシアの経済面での提携が進んでいると自賛した。中国はロシアのウクライナ戦争に軍事面では協力していないが、軍事面でも中ロ関係を注視してゆくことが必要になっている。

米台軍事演習を冷静に受け止める

それでは、中国にとって最大の焦点である台湾問題では、米中の軍事関係はどのようになっているだろうか。

アメリカ軍と台湾軍が２０２１年秋から共同演習を再開したことに対しては、中国側は、まず国務院の台湾事務弁公室の朱鳳蓮報道官の談話で「民進党当局は米国と結託した危険な行動を直ちに停止しなければならない」と批判した。

アメリカと台湾の間には当然ながら、１９７９年の米中国交回復いらい外交関係がない。けれども米台の両軍は、それから半世紀以上を経てなおも軍事演習をしているのである。

これに対して、中国当局はアメリカと台湾に対する報復行動は言わないで、台湾との事務処理機関の声明というかたちをとって批判したのである。そこにもアメリカに対する中国当局の姿勢が示されている。

中国は、今や経済と軍事で米国につぐ世界第2の大国となり、世界を支配するという目的をもつようになったが、そうだからこそ、アメリカと利害を共有することが少なくない。

米中両国は、ともに核兵器を保有する国連安保理常任理事国である。安保理で拒否権をもつ特権的地位を維持し、核兵器保有をはじめ圧倒的な軍事力によってそれを支える点では、共通の立場にある。

現在の米中関係は、両国の緊張関係が増えれば増えるほど、両国の首脳や外交・軍事当局による対話や意見交換が増えるという特徴がある。そこでは、当然のことだが、両国の利害と見解が対立する問題が議論の対象になる。

例えば、サリバン米国家安全保障担当大統領補佐官と楊潔篪中国共産党政治局員が2022年3月14日にイタリアで行った会談では、4カ月前の2021年11月に行われたバイデン・習近平電話会談で合意した課題や積み残した問題を議論した。

米中間には多くの複雑な問題が山積している。経済関係をとっても、知的財産権の侵害、技術移転の強制、非関税障壁など多くの問題がある。ひとつの問題が解決したと思ったら、また次の問題が出てきて交渉が暗礁に乗りあげることも少なくない。さらに、台湾問題、南シナ海、新疆ウイグル自治区の人権問題、さらにサイバー攻撃疑惑など、解決がむつかしい政治問題がある。
しかし、両国間で激しい論戦がたたかわされているところに、現代の米中関係の特徴がある。
米中両国の首脳や当局者が頻繁に、しかも時間をかけて話あっている限りは、たとえば台湾海峡の紛争にしても、誤算や誤解による偶発的戦争が起こる可能性はきわめて小さいということができる。

また両国の利害や外交関係にかかわる重大な問題で、場合によっては一致点をみいだすことも可能である。21世紀の米中関係の特徴である。

もっともそれが地球上に生起する諸問題にとりくみ解決するうえで、プラスになるかマイナスになるかは、別の問題である。

たとえば国際社会で解決を迫られている重大な問題である核兵器禁止や地球温暖化防止の問題では、米中両国が国際世論の望む方向で協議したという報道はない。

核兵器禁止協定にはすでに130カ国が署名し、批准したのは66カ国に上るが（2022年8月現在）、米中はむしろ核保有国としての結束を図り、核兵器禁止を妨害する方向で動いている。

3、2つの超大国はどこへ行く

単純ではない米中関係

アメリカと中国は、台湾海峡で戦争するか。日本では、多くの雑誌がそうした特集を組み、書店の本棚には「米中戦争必至」と書いた本も出ている。しかし、第1章でみたように、米中関係はそんな単純なものではないのである。

バイデンと習近平の関係は、ホワイトハウスの当局者が「米中はきわめて直接的な会話をして、40年にわたり互いによく知ってきた」（2022年7月28日、首脳テレビ会談後のホワイトハウスのブリーフィング）と言う通りである。

米中は、地球上の多くの国々に対して、政治・経済・軍事・環境などあらゆる分野にわたって絶大な支配力をもつ2つの超大国である。しかし、21世紀の国際社会が、超大国がいかに大きな力をもったとしても動かすことができない情勢になってきたことは、両国の指導者もよく知っている。例えば、東南アジアで今や国際社会への発言権を強めてきたASEAN（東南アジア諸国連合）の動きである。

第3章でみたように、ASEANの事務局が置かれているインドネシアのジョコ・ウイドド大統領は2022年7月、北京とワシントンを訪れ、習近平、バイデンとそれぞれ会談し、2022年

11月には、インドネシアのバリ島で開催したG20（20地域・主要国首脳会議）で重要な役割を果たした。ジョコはその間にも、ブルームバーグのインタビューで、G20にはロシアのプーチン大統領も出席することを訴え、ウクライナの戦争終結を働きかけてきた。

地球的課題に対する責任

いまや地球が、人類をはじめあらゆる生き物にとって生きることが難しい惑星になりつつある。二酸化炭素（CO_2）排出量が第1位、第2位の中国とアメリカは、この問題でとりわけ重大な責任があり、気候変動に焦点をあてたG20共同議長国として、その責任が厳しく問われている。

アメリカのケリー気候変動問題大統領特別顧問は、２０２０年には温暖化防止の問題で習近平中国主席との連絡を維持してきた。２０２１年10月にチューリッヒで行われた楊潔篪とサリバンの米中安全保障責任者の会談では、対立と紛争の回避とともに、気候変動のような重要な問題で協議し意思疎通をはかることを確認した。

これまで米中両国とも、再生可能エネルギーの開発にそれなりに取り組んではきたものの、それぞれのCO_2排出量削減目標はあまりにも低く、その低い目標を達成する方策さえ、まだ明らかにしていない。

CO_2排出量トップの中国は、２０３０年までにピークにすることをめざし、２０６０年までにニュートラル（中立）にするとしている。しかし、それを実現する方策もまだ明らかにされていない。

もちろん地球温暖化の問題が中国とアメリカの取り組みだけで解決しないことは言うまでもない。中国、アメリカに次ぐ第３位の２酸化炭素排出大国インドは、中国とともにいまだに火力発電所の建設を続けている（ワシントン・ポスト２００１年９月14日付「ケリーは汚染を純ゼロにとインドに圧力」）。

それにもかかわらず、米中両国は国際政治の上で重大な責任を負っているのであり、両国の関係を注視しなければならない理由がある。

第５章

人権・民主主義をめぐって

1、アメリカ側の最大の攻撃材料

人権・民主主義の問題は、アメリカが中国を攻撃する有力な材料である。

攻撃は中華人民共和国建国当時からあったが、とりわけ両国の覇権争いが激しくなった近年は、アメリカ歴代政権がこの問題に焦点をあてるようになった。

背景には、両国が、強大な軍事力をもって対峙しながらも、「競争」と言われるように、覇権主義の争いに相対化されるようになってきた事情がある。競争はどちらが地球上の支配権を握るかということをかけた熾烈なものであり、習近平政権下における中国の人権・民主主義抑圧が激しくなる中で、アメリカはこの問題を有力な武器として激しい論争になっている。

このため、米中関係をみる上では、この問題の解明を避けることができない。


米中対立がコロナ蔓延の科学的究明を妨げる

まず世界中の人々を苦しめているコロナ・ウイルス蔓延の問題である。

このウイルスが湖北省武漢市の食肉市場で売られていたセンザンコウやヤマアラシなどの野生動物から人間に移ったことは、WHO（世界保健機関）によっても確認されている。

このウイルスの危険を最も早く指摘したのは、武漢の眼科医・李文亮《りぶんりょう》だった。

李文亮は、診察した患者の中に、当時はまだSARSと呼ばれていたが、新たなウイルス感染者がいることを発見して警告を発した。しかし、公安局の取り調べと処分をうけ、自身も感染しながら十分な治療を受けられないまま死亡した。

中国の学者たちは、それまでの研究にもとづいて、このウイルスの危険について警告を発してきた。

例えば、中国科学院武漢ウイルス研究所の周鳳《しゅうほう》研究員は「多くの国の学者が蝙蝠《こうもり》の体内にウイルス抑制物質を発見」と題して、哺乳動物でありながら持続的に飛行する蝙蝠の体内には独特の対抗ウイルスがあり、これが人に移ると特殊な反応を起こす」(「文匯報」2021年4月1日)と指摘した。

英文週刊誌『チャイナ・デイリー』21年3月6～12日号で喬新生《きょうしんせい》中南大学教授は、多くの消費者は何が規制下にあるかを知らずに、法律が禁止する野生動物を買っているが、ウイルスのさらなる拡散を防ぐためには、野生動物の飼育と消費の禁止を徹底する必要があると警告した。

中国の学者・研究者たちはコロナ・ウイルス蔓延と情報公開・民主主義欠如の関係を究明し警告を発した。しかしいずれも当局に抑えられた。

張千帆北京大学教授は香港誌『週刊亜洲』21年2月23日号に「言論抑圧がウイルス蔓延の元凶である」として、言論を抑圧する刑法、行政処罰法などの廃止を要求した。

中央党学校はコロナ発生前の2020年6月に開催した会議で「形式主義と官僚主義が蔓延して

いる」と強調していた（新華社『半月談』20年9月号）が、コロナ発生と民主主義欠如の関係が問題になると、状況が変わった。同校で民主主義を説いてきた祭霞《さいか》教授は権力の乱用と腐敗の関係を明らかにして同校を追われた。

調査団を武漢に派遣したWTO（世界保健機関）は十分な成果を上げられなかったが、調査団に加わった各国の学者はその発生原因について確信を深めた。ニューヨークから参加した環境生物学者のピーター・ダザクは帰国後、「ウイルスが蝙蝠などの動物から中間宿主を経てヒトに移ったことが確認できた」と述べた。

コロナ・ウイルス蔓延が世界中に広がるなかで、その起源が米中間の論争問題になった。トランプ大統領は「ウイルスは武漢から来た」として、「武漢ウイルス」と呼んだ。これに対して中国の趙立堅外務省報道官は「ウイルスは武漢で演習したアメリカ軍がもちこんだ」と反論した。

コロナ・ウイルスの問題がこのように米中間の不毛の論争になるなかで、その起源や撲滅の科学的研究は、脇に追いやられてしまった。21世紀の人類社会を襲う未曽有の感染拡大に有効に対処するためにも、米中関係の解明を避けることができない理由である。

実証された民主主義の世論と運動の存在

人権・民主主義の問題は、アメリカが中国を批判する重要な材料である。批判は、中華人民共和

天安門広場で出動した軍隊を見つめる青年たち
（1989年6月4日・北京）

国建国以来のものだが、最近は両国の覇権争いが激しくなる中で、アメリカ側はとくにこの問題に焦点をあてるようになってきた。

背景には、習近平政権下における中国の人権・民主主義抑圧が激しくなっている事情もある。

今や中国の新聞などメディアは習近平一色である。学校教育では「習近平思想」の学習が強調されている。

けれども２０２２年11月になって、コロナ蔓延の科学的究明と対策を要求して、若者たちを中心にデモや集会が繰り広げられた。そうして国民の間には自由な思考や民主主義の要求が確実に存在していることが改めて明らかになった。

中国では、１９８９年5月から6月4日まで、自由と民主主義を要求する集会が、北京の天安門広場をはじめ全国各地の主要都市で開かれた。し

白紙を掲げて習近平辞任を要求する青年たち
（2022 年 11 月 27 日・北京）

かし、自由と民主主義を求める運動は、ことごとく弾圧された。その後、北京や上海のような大都市では、政府に要求するデモや自主的な集会は禁止され長期にわたり見られなかった。

２０２２年晩秋には、コロナ対策とともに自由を要求するデモと集会が、外国メディアによって報道されたものだけでも、北京、上海、武漢、南京、広州、杭州、鄭州など主要都市に広がった。実際は、もっと多くの都市に、あるいは農村部の近郊都市に広がっていた可能性があるが、中国の新聞はそうした世論や運動は報じない。

主要都市で若者を中心に広がった運動の背景にあったのは、自由をとり戻したい、本当のことを知りたいという要求であった。当局がコロナ対策を理由に、外出を制限し、通信を規制するなど、住民同士の交通通信をも厳しく制限していたからである。

若者たちはそれが習近平政権によるものであることを知っていた。上海でも北京でも「習近平やめろ」が唱和されたことが、そのことを証明した。

四環道路橋の横断幕は語る

２０２２年10月13日、北京市から発信された衝撃のニュースが世界をかけめぐった。北京市海《ハイ》淀《ディン》区の交差する高架道路・四環の陸橋欄干に「独裁の国賊、習近平を罷免せよ」などと書かれた横断幕が掲げられたニュースである。中国共産党第20回大会が開かれた３日前のことで、北京市は厳重な警戒態勢がとられていた。

北京市の海淀区には、コンピューターをはじめ高度の技術の産業、北京大学、清華大学や中国科学院などの文化教育施設が集中している。頤和園、香山などの名勝も多い。

高架道路に掲げられた横断幕には、白地に赤地で書かれた「文革は要らない、改革が必要だ」「封鎖はいらない、自由が欲しい」「改革が必要だ」「ＰＣＲ検査はいらない」などと書かれていた。北京市内で厳重な警戒態勢をとっていた制服、私服の警察により、横断幕は直ちに撤去されたが、横断幕とそれを見守る北京市民の映像は、ミニブログやアイフォンなどに乗って、中国と世界に発信された。中国検閲機関は「勇敢」「四通橋」「海淀」など特定の言葉があるミニブログを遮断するのに追われた（New York Times 中文版 202.10.25.「四環事件の激励を受け中国の若者たちが政治的に目覚める」）。

3日後の10月16日に開催された中国共産党第20回大会で報告した習近平総書記は、対米関係には言及しないで、「中国式現代化」を繰り返し、「中華民族の偉大な復興を推進する」と述べた。その意味は、自らを「中華民族の復興者」と神格化し、歴代総書記が厳守してきた2期10年の慣例を破り、権力に執着することであった。自らの権力の永続化を最優先させたのだった。

中国の庶民の間では、口コミによる情報伝達が盛んである。とくに年寄りはそうである。2022年10月に開催された中国共産党大会の直前には、庶民の間で「李一、習二」（Li yi、Xi er。李克強が№1、習近平は№2）という噂が広がった。同時に、党大会とそれに続く中央員会総会で習近平が引き続き党のトップに居座り、李克強首相は引退とも囁かれていた。経済の落ち込みを食い止めるために、主要6省の書記を広東省深圳市に集めて懸命に方策を協議する映像は、香港の「文匯報」などで報じられ、庶民の間で経済の先行きに対する不安もあり、李首相の動きが注目されていたわけである。

バイデンの「民主主義対専制主義」論

中国の民主主義をめぐる問題は、歴史的に米中間の対立と論争の的になってきた。2021年1

月に就任したバイデン大統領は、それからまもない３月25日の最初の記者会見の中で米中関係を「民主主義対専制主義」と述べた（Remarks by President Biden in Press Conference 2021.3.25, The White House, Briefing-room)。

バイデンはトランプの共和党に対抗して、民主党政権の強化をねらったのだが、共和党のブッシュ政権でも、民主党のオバマ政権でも、このようなことは言わなかった。習近平と長い付き合いのあるバイデンがこんな攻撃的なことを言った背景には、「競争」という米中間の確執が激しくなり、中間選挙で民主党の苦戦が予想されていたこともあるが、より根本的には、習近平政権下で進む人権・民主主義抑圧の強化がある。

民主主義の問題では、アメリカも中国も、それまで支配していた旧勢力が革命で打倒され、民主主義をめざす革命政権が打ち立てられたという点で共通性がある。

アメリカでは１９７６年7月４日の「独立宣言」が「すべて人間は平等につくられている」「創造主によって、生存、自由そして幸福の追求を含む侵すべからざる権利を与えている」「政府の正当な権力は被統治者の同意に基づいている」と民主主義の基本的原理をうたった。

それでも民主主義が現実のものになるためには、市民が武器をもってイギリス軍と戦わなければならなかった。またそうして独立を手にした後も、南北戦争など激しい闘争を経験しなければならなかった。

この点では、中国は１９４９年の中華人民共和国建国から70年余しかたっておらず、まだ試行錯誤の段階にあるともいえる。とりわけ中国では、長く続いた封建社会の影響は、いまも中国社会に強く残っている。それを、もともと封建社会を経験していないアメリカと比べて、自国の優位性を宣伝するのは問題がある。

中国では、そうした歴史の重圧は現代にも引き継がれ、中国が近代化して民主主義を実行するうえで様ざまの困難をもたらした。

１９１９年に始まった民主主義革命は、封建勢力を倒し、欧米列強や日本などの侵略者を追い出すことに成功したが、様ざまの歴史的制約による欠陥を免れなかった。中国革命も、人権・民主主義を圧殺したスターリン体制の影響下で成功したものであり、その誤りを現在も引きづっているところに中国の困難がある。

2、人権・民主主義破壊の歴史

憲法に権利や自由が書かれたが

１９５４年9月20日に全国人民代表大会が採択した憲法は、公民の「言論・出版・集会・結社・

行進・示威の自由」（第87条）、「宗教信仰の自由」（第88条）など民主主義的権利を明記した。

１９４９年10月１日に北京の天安門上で中華人民共和国の建国が宣言された5年後のことである。近代民主主義を経験していない中国が、「封建主義・帝国主義打倒」を旗印にした革命を成功させ、新しい国家の誕生を宣言して憲法にこのような近代民主主義の基本的人権を明記したのは、画期的なことであった。

しかし、歴史は時代を飛び越えて進むことはできない。憲法が制定された後、間もなく毛沢東主席が起こした「反右派闘争」などの政治的変動が繰り返される中で、憲法に明記された民主主義や国民の権利は実行されなかった。

また同様の規定は１９８２年12月４日に公布された現行憲法の第35条、第36条に定められているが、それらは憲法制定直後から徹底的に蹂躙されてきた。

１９５４年の憲法制定直後に国家主席に就任した毛沢東は、憲法や法律を無視し、「整風運動」などと称して、対立する意見を排除し、そうした考え方をする者を追放し、独裁権力を行使するようになった。１９６０年代中頃には、企業経営や農村土地所有制の集団化を強行して経済に困難を持ち込み、それを批判されると、「反右派闘争」のような政治闘争により批判を封じこめた。

当時は、中国封じ込め政策をとるアメリカとは激しい緊張関係にあり、人権・民主主義の問題はそうした対立関係の中に埋没しており、米中間の大きな問題にはなっていなかった。

その後の中国では、毛沢東が起こした「文化大革命」と称する内乱によってわずかに残っていた人権や民主主義も根底から破壊されたことは、いまでは明らかにされている。それでも、胡耀邦や趙紫陽のような中国共産党総書記の下では、民主化への努力が試みられた。

しかしそれも、自由と民主主義を求めて天安門広場に集まった人々を、鄧小平主導下で軍隊によって弾圧した天安門事件で徹底的に破壊された。

アメリカとの関係では、1989年6月の天安門事件から5カ月後の同年11月、北京の米大使館に逃げ込んだ物理学者・方励之《ほうれいし》（ファン・リーチ）の問題がある。「文化大革命」で1年間収監された方励之は釈放語、「北京の春」で中国の民主的改革を主張した。89年の天安門広場の集会に参加したわけではないが、事件のあと、「反革命宣伝と扇動」の罪で再び追われる身になった。

中国当局は方励之の引き渡しをアメリカ側に要求し、問題はブッシュ大統領にも上がった。スコウクロフト大統領補佐官が訪中して鄧小平と交渉したが、問題が解決したのは1年後の1990年6月だった。

この間に、アメリカのメディアは米中の対称的姿勢を精力的にキャンペーンした。そうして、この問題もまた、アメリカは民主主義国であるとする宣伝に使われたのだった。

民主化と米軍事戦略批判の関係

２００２年11月～12年11月の胡錦濤政権時代には、民主化をめざす一定の努力が行われ、知識人もかなり活発に発言した。当時、中国では、村《そん》委員会や一部の郷鎮《きょうちん》委員会で、１人１票の普通選挙が実施されるなど、地方の行政機関の民主化への努力が試みられた。

中国共産党中央党学校、中央編訳局、社会科学院、それに各地の大学や行政学院では貧富の差を表す所得格差や都市・農村の格差、行政機関の腐敗などが真剣に議論された。そうして政権側が民主化に少しでも取り組む姿勢を見せると、抑えられていた知識人ら民主主義を求める人々は少しずつ声をあげるようになった。

２００６年頃には、学者、編集者、弁護士らが、国営通信社・新華社や中国共産党宣伝局の幹部を批判し、あるいは胡錦濤主席あて書簡に署名するなど、徐々に声を上げ始めた。新聞界でも、有力民間新聞社の光明日報社が作った北京の「新京報」では、当局の命令により編集長が更迭されたことに抗議して、記者１００人が職場を放棄したことがあった。記者たちは、自分たちが編集し発行に携わっている新聞が、中国共産党中央宣伝部の下請けのようになることに抗議して行動したのだが、この時は解雇や処分をされずに職場に戻ることができた。このようなことはきわめて稀なことだったが、それでも習近平政権下の今では、とても考えられないことである。

そうした雰囲気のなかで、天安門事件で失脚した趙紫陽元総書記の一周忌には、同事件で息子を失った丁子霖元人民大学教授や、後で逮捕・投獄され獄中で死亡する評論家の劉暁波《りゅうぎょうは》らが、警察の監視下にある趙紫陽自宅を訪れ、家族と面会したこともあった。

そして、このように知識人らが政府の動きに対して限定的にでも発言する余地が生まれてくると、胡錦濤政権が進める対米協調政策にも批判的な目を向けるようになった。

中国の外交軍事関係研究者による学術雑誌『現代国際関係』2008年1月号はアメリカの軍事政策について特集し、その中で「アメリカは中国を含む東南アジアで強大な軍事能力を保持しており、イラク戦争では兵力が不足していても、台湾海峡で軍事衝突がいったん起きれば、空中や海上から速戦攻撃する能力がある」として、グアムや日本の基地へのB52爆撃機やF22戦闘機の配備に対して警鐘を鳴らした。

また国務院のシンクタンク・国際問題研究所が発行する『国際問題研究』同1月号では「日米軍事同盟はアジア太平洋地域におけるアメリカの戦略的支柱である」として、在日米軍の攻撃力強化、日米軍事一体化の強化とともに、日米安保条約の適用範囲が拡大され、日米共同作戦が日本の領域外にも広げられている事実を指摘した。

こうして中国における民主主義の前進があってこそ、アメリカの覇権主義とその下での軍事同盟強化に対しても、まともな批判ができることが示されたのだった。

とはいえ、アメリカとの軍事交流を積極的に進めていた胡錦濤政権下では、同年初めには、米空母ニミッツや第7艦隊の香港寄港を認め、さらに米国防長官や太平洋軍司令官を招請し、米中軍事ホットライン設置を米側と合意するなど、対米融和路線を変えることはなかった。

実らなかった民主化の努力

一方で、中国における民主主義への努力は結局実らなかった。村や郷鎮レベルで始まった直接選挙への努力も、省や県レベルでは実現せず、全国人民代表大会の議員を有権者が投票により選択する差額選挙は問題にもならなかった。

さらに習近平政権になると、胡錦濤政権下で始まった民主化への限られた努力も次々に破壊されるようになった。中央はもちろん地方の選挙でも、行政機関である当局の推薦をうけない者は立候補さえできないことが明らかになった。

２０２１年11月に行われた北京の人民代表選挙では、中国共産党の推薦を受けない「独立候補」14人が立候補を表明した。しかし、当局はその人たちの自宅の周囲に警官を配置して行動を監視し、あるいは短時間拘束するなど圧力を加えて、名乗り出た人々は立候補を断念せざるをえなかった（「赤旗」小林拓也北京特派員２０２１年11月２日付）。

習近平政権下では、人権・民主主義をめぐる言論や運動が徹底的に抑圧されていることは、現に見る通りである。

習近平は、中国共産党理論誌『求是』２０２２年第12号（６月16日発行）に「断固として中国の人権発展の道を進み、人権事業をさらに発展させよう」と題する論文を書いて、「中国共産党は人権の保障と尊重を不断に努力し、党の100年の奮闘史は人民を団結させて人権を勝ち取り、人権を尊重し保証し発展させてたゆまず努力してきた歴史である」と自賛した。そのうえで、「ある国が人権を有するか否かを、いずれかの国の物差しで測ることはできず、ましては人権を他国の内政に干渉する手段にしてはならない」と述べた。

これは、人権や民主主義を客観的に存在する普遍的なものであることを否定し、それぞれの国家が自国の都合にあわせて解釈できるという解釈によって、中国当局が現実に行っている人権・民主主義抑圧の正当化をはかるのである。

習近平は2022年11月の中国共産党第20回大会で党規約を変えて党総書記を続けることになった。2023年3月に開催される中国人民代表大会では、習近平が引き続き国家主席を続けることが予定されている。主席の任期について「連続して職に任ずるのは、2期を超えてはならない」（第79条③）と定めた憲法は、2018年春の全人代で変えられた。中国共産党の歴代主席が守ってきた「最高指導者は2期10年で引退」「党大会時に67歳の場合は留任可能68歳の場合は引退」の不文律は崩されている。

なぜ民主主義が実行されないか

中国における民主主義の問題を歴史的に検討してみよう。そうすると、バイデンのいう「専制主義」が習近平政権の現在の状況を、時間と空間を超えて拡大したものであるあることがわかる。

中国では１９１９年の５・４運動と呼ばれる民主運動の大きな高まりを受けて新民主主義革命の時代が始まったとされている。そして、中華人民共和国が１９４９年に建国されると、政権がまず手をつけたのは、中国の封建制力と結んでいたイギリスやフランスなどの支配に反対するとともに、土地改革により地主の支配に苦しむ農民の土地に対する要求を実現する民主主義的変革であった。中華人民共和国建国後ただちに起草が始まり、１９５４年９月の第１回人民代表大会が採択した憲法は、国家の性格を「人民民主主義制度、すなわち新民主主義制度」とし、この時期の任務を「土地制度の改革・抗米援朝・反革命分子の鎮圧・国民経済の復興など」とした。

みたように、建国後まもなく制定された憲法は、国民的権利を明記したが、それらは実行されず、とりわけ現在の習近平政権下では抑えられ実行されていない。

そのことは、ロシアのウクライナ侵略に対する批判が中国国内ではまったく起こらないか、たとえ批判があらわれても直ちに消されるという現実にも示されている。中国共産党上海市委員会の党学校で教授を務める政治学者の胡偉が「中国はプーチン大統領と早く断絶するべきである」と海外サイトで発表したものは、その日のうちに削除された。

しかし、国務院参事室公共政策研究センター副理事長の肩書で書かれた胡偉の「ロシアの戦争がもたらす結果と中国の選択」と題する文書は、削除されたものが一部で出回った。胡偉はその中で、鉄のカーテンが再び下され、それは１９９１年のソ連東欧激変後の状況の再現となる可能性があると指摘する。

胡偉は、ウクライナ戦争の中で国際構造は変化し、その中でアメリカは西側世界の中で指導権を回復しつつあると指摘した。確かに、ロシアのウクライナ侵略が始まる前はまとまりを欠いていたＮＡＴＯの結束が強化されているようである。

「ワシントン・ポスト」2月26日付は、南京、上海、香港、澳門《マカオ》などの大学教授グループが公開書簡でウクライナ侵入をやめるようロシアに呼びかけたと報じた。おそらく同紙が平素から組織している協力者の情報によるものだろうが、その後の続報はない（Washington Post 2022.2.26, Amid the roar of nationalism a few antiwar Voices in China emerge over Ukraine crisis）。

3、民主主義をめぐる米中の論争

人権・民主主義をめぐる最近の米中間の論争はどうなっているか。

新疆ウイグル自治区が国際問題に

オバマ政権の副大統領として長年にわたり習近平とつきあってきたバイデンとしては、米中間の最も鋭い対立点となっているこの問題で、習近平と率直に対話ができることを内外にアピールしようという思惑があった。議論が平行線に終わることは、会談する前からわかっていた。

バイデンは２０２１年11月16日の習近平とのテレビ会談では、チベット、香港の問題とともに、新疆ウイグル自治区のオアシス都市ホータン市（中国語表記は和田市）の問題を取り上げた。

新疆ウイグル自治区では、２００９年７月に、区都ウルムチでウイグル族と漢族の衝突があり、同月28日にはホータンで群衆による抗議行動が起きた。バイデンが習近平に提起したのが、この事件なのか、あるいは同市で別の事件が起きたことを指しているのかははっきりしないが、新疆ウイグル自治区におけるウイグル人に対する扱いは、アメリカ政府が同市の問題を、人権問題での対中国批判の重要なひとつにしているものである。

同自治区における人権侵害については、国連人権高等弁務官事務所（ＯＨＣＨＲ）のバチェレ高等弁務官が８月31日に調査報告書を発表した。

報告書は、「中国政府がテロリストや過激派への対策という名で深刻な人権侵害を続けて来た」とし、「再教育施設」で性的暴行を含む虐待や拷問が行われていたとする証言を「信頼性が高い」と断定した。

バチェレ弁務官の調査報告書に対して、中国外務省の王文斌報道官は「アメリカと一部の西側勢力が中国を封じ込めるために新疆の問題を使っている」「アメリカと西側勢力による画策」と非難した。新疆ウイグル自治区における人権侵害というのは、アメリカが作り出したストーリーだというのである。

米中外交当局の激しい論戦

中国における人権・民主主義の問題は、米中間では香港や新疆ウイグル自治区の問題が大きくとりあげられ、いまや大きな国際問題になっている。

バチェレ報告が出た後、サリバン大統領補佐官と楊潔篪《ようけつち》中国共産党政治局員、ブリンケン外相と王毅外相、それぞれのレベルで行われた米中間の対話でも、人権と民主主義の問題は最も鋭い対立点の一つとなった。

バイデンの攻撃に対して中国側は、各国にはそれぞれの民主主義のやり方があり、アメリカ流のやり方を各国に押しつけることこそ、アメリカの独善的覇権主義だと反論する。

王毅外相は2021年4月23日、北京でアメリカの対外関係委員会と会談して、「世界には多様な文明があることを受け入れなければならない。安定した平和的秩序はさまざまの制度があることを包容しなければならない」として、「カギはアメリカが1つの社会制度、歴史と文化、発展段階が異なる大国の平和的興隆を受け入れるかどうかである」と述べた。

王毅が、アメリカ外交団に展開した、各国にはさまざまの人権・民主主義があるというこの理屈は、新しいものではなく、１９８９年6月４日の天安門事件で当時の中国当局が各国の批判に対して反論した論法と同様のものである。

しかし、習近平政権のこのような論法が通用しないことは、世界の歴史を少しでも学んだものには容易にわかるはずである。国家の主人公は国民であり､すべての国民に基本的人権があることは、これまでの歴史を通じて人類社会が築いてきた普遍的原理である。

4、アメリカの民主主義はどうか

バイデン大統領が米中関係を「民主主義対専制主義」の対立というのは、習近平政権下の中国で進む民主主義破壊を、アメリカ覇権主義の美化に利用したものである。

二大政党制下で無視される少数意見

アメリカも、第２次世界大戦後まもなく始まったマーカーシズムのような民主主義に反する運動が繰り広げられるなど、民主主義の模範といえるような国ではけっしてない。

アメリカのブッシュ政権は2001年の9・11同時多発テロを受けて、「対テロ戦争」といってアフガニスタンやイラクで軍事攻撃を繰り返した。さらに2002年になると、イラク、イラン、北朝鮮を「悪の枢軸」とし、同年9月には「国家安全保障戦略」を発表して、これらの国々に対する先制攻撃戦略を採用した。

ではアメリカでは、民主主義が実行されているのか。

ここでは、大統領や議会の議員は有権者による投票によって選ばれる。それは民主、共和の2大政党制下の間接選挙であり、1選挙区で1人しか当選しない小選挙区制である。

有権者の個々の要求が実現することはあっても、少数者の意見が大局的に政治の方向を決定することは排除される。民主、共和両党が時々の重要な政治課題で激しく対立することはあっても、いずれも財界・大企業の利益を代表しており、それは軍事外交政策においてはとりわけ顕著である。

そうした政治の仕組みは、候補者を州ごとに一本化する大統領選挙制度にも貫かれている。

2020年11月の大統領選挙候補の民主党指名争いでは、進歩的な政策を掲げたサンダース、ウオーレン両上院議員が、格差に苦しむ若者世代から幅広い支持を集めたが、バイデン民主党候補の主要政策はそうした進歩的な草の根運動の政策要求とはかけ離れたものだった。

高崎経済大学の三牧聖子準教授によれば、2021年7月に、ビュー・リサーチ・センターがカナダなど主要20カ国で行った調査では、平均で57％の人々が、かつてはアメリカ式民主主義がよいお手本だったが、近年はそうでもないと回答した（『東亜』２０２１年11月号）。

これではたして、中国における民主主義の欠如を主張する資格がアメリカにあるのか、と三牧氏は指摘する。

この事実から言えることは、バイデンが米中を「民主主義対専制主義」、すなわち、アメリカは民主主義だが、中国は専制主義というような関係にあるのではなく、国民が民主主義を求めても権力がそれを抑えようとすることである。その意味では、中国とかアメリカとか、国によって異なるのではなく、権力と国民の力関係によって決まるというべきであろう。同じ国でも、ミャンマーのように軍部クーデターによる軍部独裁下で民主主義が破壊される場合もある。

バイデンは２０２１年12月10日、１１１の国・地域の代表を招いて「民主主義サミット」を開催した。そこに参加した国のなかには、フィリピンのドゥテルテ大統領やブラジルのボルソナール大統領のように、民主主義を実行しているとはとても言えない独裁者が含まれていた。

独立戦争以来の民主主義は

一方で、アメリカには独立戦争以来の民主主義が現実に生きており力を発揮していることは、指摘しておく必要がある。

アメリカでは、トーマス・ペインが1776年7月4日に独立宣言を起草したが、イギリスの支配から脱して国家として独立するためには、民主主義でなければならなかった。アメリカ独立戦争は民衆が武器をとって立ち上がることによってこそ、強大なイギリス軍に勝つことができた。しかし、アメリカは独立によって、ただちに民主主義国になったわけではない。民主主義を享受できたのは、ヨーロッパからの移民のごく一部に限られ、アメリカ原住民、奴隷としてアフリカから移送された黒人、アジアをはじめ世界各地から来た移民には、長期にわたって民主主義は無縁であった。

1861～65年の南北戦争を経て、リンカーンは「人民の、人民による、人民のための政府」と言い、黒人を奴隷とする制度は廃止されたが、その後も、種々の人種差別が続いていることは現に見る通りである。

アメリカは、第2次世界大戦では、日本など枢軸国のファシズム陣営に対抗する連合国の民主主義陣営の中心的役割を担ったが、戦後は国際的にも各国の独裁政権を軍事的にも財政的にも支えてきた。

アメリカは日本に対しても、象徴天皇制のような国民主権とは相いれない制度を温存する一方で、国民主権と民主主義、基本的人権、戦争放棄を定めた日本国憲法の作成と制定に積極的役割を果たしたが、その直後に戦前の戦争勢力を復活させ、日本政治の反動化と戦争放棄の日本国憲法の改悪をねらい、日本の改憲勢力の後ろ盾となっていることは、現に見る通りである。

中国に対しても、アメリカが実行したのは、イギリス、フランスなど外国帝国主義勢力と封建的地主階級の支配を維持する蒋介石総統下の国民党に軍事援助を与えて、中国の民主主義的変革を阻止することだった。

その後、２０００年代に入ってアメリカでは、ブッシュ政権が９・11同時テロでアフガニスタン報復戦争やイラク侵略戦争を始めたが、当時の江沢民主席はブッシュとの会談で「対テロ対策」に協力することで一致した。次の胡錦濤政権はブッシュ政権と「戦略的パートナーシップ」を確認するまでになった。中国の民主化への試行錯誤は、このように侵略戦争を進めるアメリカとの協調関係と結びついていたのである（末浪靖司「アメリカの対中国政策」『季刊中国』２００７年春季号）。

終　章

日本は米中とどう向き合うか

米中関係は、いまや日本の情勢に大きな影響を与える重要な問題として、日本の国民にのしかかっている。

米紙「ウォール・ストリート・ジャーナル」は、バイデン米大統領が台湾海峡危機で台湾「軍事防衛」を最も強調したのは、東京で２０２２年5月に行った記者会見だったという（Wall Street Journal2022.5.24, Biden Pledges Taiwan Military Defense）。

なぜ、日本でそんなことを言う必要があるのか。

日本がアメリカと結んでいる安保条約は、アメリカ軍に日本から台湾海峡など「極東」に出撃する権利を与えており、日本はそのアメリカ軍を支援する義務を負っている。防衛省が発行する「防衛白書」は、自衛隊にアメリカ軍を支援する任務があり、そのための共同訓練を重ねていることを強調している。今や、台湾と目と鼻の先にある与那国島など先島諸島では、自衛隊による軍事要塞化が進んでいる。中国との戦争に備えてというのが、防衛省の主張である。

1、米中関係が日本政治に決定的に影響する

日本では、「台湾有事」という言葉が大流行である。新聞にも、雑誌にも、この言葉が躍っている。

例えば、「中国軍の台湾への武力侵攻に向けた作戦準備は事実上、最終段階の上陸作戦に不可欠な強襲揚陸艦の配備に焦点が移っている模様だ」といった調子である（読売新聞２０２２年1月4日付、中国「台湾上陸」に焦点）。

アメリカ軍が台湾海峡に出撃する

台湾有事とは、中国軍が台湾に攻め込んで戦争が起きることである。そこには、アメリカが台湾を支援して、中国とアメリカが戦争する、すなわち米中戦争になるという意味が含まれている。その場合には、日本も無関係ではいられない。アメリカ軍は日本から出撃するからである。日米安保条約第6条（＊）は、アメリカ軍が台湾海峡を含む極東地域に出撃することを認めている。米軍が出撃すれば、自衛隊も出撃する。安保条約第5条（＊）は日米共同作戦を定めており、こ

（＊）日米安保条約第6条　日本国の安全に寄与し、並びに極東における国際の平和及び安全の維持に寄与するため、アメリカ合衆国は、その陸軍、空軍及び海軍が日本国において施設および区域をすることを許される（以下略）

日米安保条約第5条　各締約国は、日本国の施政の下にある領域における、いずれか一方に対する武力攻撃が、自国の平和及び安全を危うくするものであることを認め、自国の憲法上の規定及び手続に従って共通の危険に対処するように行動する（同）

れは日本防衛のためということになっているが、日米の軍事・外交閣僚による日米安全保障協議委員会（２プラス２）では、「周辺事態」で米軍と自衛隊が共同作戦することを決めており、２０２１年の日米首脳会談や日米安全保障協議委員会（２プラス２）では、「台湾海峡の平和と安定の重要性」を確認している。自衛隊は台湾海峡で米軍を支援して一緒に戦うこともありうる。

「台湾有事では民間の空港・港湾を自衛隊や米軍が使う可能性もある」とも報じられている（「日本経済新聞」２０２２年9月14日付）。

こうなると、もはや台湾の問題ではない。港湾・空港は軍事施設になり、日本国民の生命や暮らしを直撃することになる。

最近では、台湾有事でその対応にあたるアメリカ軍を自衛隊が後方支援することを、防衛相が公然と発言するまでになっている（「日本経済新聞」２０２２年9月7日、南西諸島に火薬庫増設）。

中国革命で蒋介石が大陸から台湾に逃げて70年余の年月が経過し、中国と台湾があたかも独立した二つの国であるかのように言われ、「台湾防衛」のために日本は何ができるかといった議論が横行している。

麻生太郎自民党副総裁は、２０２２年8月31日の麻生派研修会で「与那国島にしても与論島にしても、台湾でドンパチ始まれば、戦闘区域外とは言い切れない。戦争が起こる可能性は十分にある」と述べた。台湾海峡で戦争が起きれば、安倍晋三政権が２０１５年の国会で強行した安保法制の「重要影響事態」「存立危機事態」だから自衛隊が出動するべきであると自民党内で主張されている。

台湾問題の経過や性格について、政権党の政治家が理解していないか、知識が欠如している日本の現実が、ここに示されている。日本を再び誤った道に踏み込ませる危険がここにある。台湾海峡の紛争を歴史的に正しく理解できない政治家に、日本の平和や安全の問題でも正しい判断を期待することはできない。

アメリカの軍事同盟国である日本では、アメリカ軍の行動はメディアなどではあまり問題にされないが、台湾海峡に出動する米海艦船は横須賀など在日米軍基地を拠点にしているだけに、中国側の態度がどうであれ、日本自身の在り方として重視されなければならない。

米中の緊張を理由に戦争態勢強化

日米政府は、台湾海峡紛争をはじめ米中関係が緊張する情勢を利用して、日米同盟とその下での米軍と自衛隊の共同作戦態勢を強化している。その先には、日本国憲法を変えて、日本を戦争できる国にするくわだてがある。

最近では、ＱＵＡＤやＡＵＫＡＳのように、インド太平洋における中国の行動に対抗するためとして、アメリカや日本とともに、イギリス、オーストラリアなどが、インド洋から太平洋に及ぶ広い地域で新たな軍事態勢をつくるまでになっている。

QUADは日本・アメリカ・オーストラリア・インドの4カ国、AUKASはアメリカ・オーストラリア・イギリスの3カ国からなる。いずれも「自由で開かれたインド太平洋」を重視すると表明している。

アメリカは台湾海峡をはじめ広くインド太平洋地域で戦争できる態勢を強化している。日本がQUADのような軍事的色彩の濃いブロック的地域組織に参加するのは、日米安保条約によりアメリカと軍事同盟を結んでいるからである。これらの多角的軍事組織は、アメリカが中心になって、この地域に進出する中国軍に睨みをきかせるものとされている。日本はこのようなアメリカ主導の軍事態勢に対等の立場で参加しているのではなく、自衛隊がアメリカ軍の指揮下で戦争するのである。

アメリカ軍と自衛隊は、陸海空で日夜激しい戦闘訓練を繰り返している。台湾海峡など海外の戦争に出撃したアメリカ軍とともに、その指揮下で自衛隊が戦う法律はすでに作られている。2015年9月に成立した「安全保障法制」(安保法制)である。

安保法制は、改正武力攻撃事態法、重要影響事態法(改正周辺事態法)、改正自衛隊法、改正国連平和維持活動(PKO)協力法など多くの法律から成る。同年4月27日に日米が合意した「日米防衛協力のための指針」(ガイドライン)を実行するために強行されたものである。

「ガイドライン」は、日米間で最初に1978年に作られ、1997年に改定されて、アメリカ軍と自衛隊が共同作戦する範囲が、「日本有事」から「極東有事」に拡大された。さらに、

２０１５年の改定では「アジア太平洋地域及びこれを超えた地域」に広げられた。

これにより、自衛隊は内戦が激化しつつあった南スーダンに派遣された。「ニューヨーク・タイムズ」２０２２年4月12日付は、この法律が「海外で戦闘任務を遂行する権利を日本軍隊に与えた」と指摘したうえで、「中国軍が台湾に侵攻した場合には、戦闘は日本自らの問題になる」と書いた(New York Times. 2022.4.12, With Threats All Around, Japan Moves to Shed Its Pacifist Constraits)。

自衛隊は内戦が激化した南スーダンから撤退せざるを得なかったが、その後、「台湾有事」に自衛隊を派遣するべきだという主張が、自民党や防衛省からいっそう声高に出るようになった。防衛省発行『防衛白書』２０２２年版は、南シナ海、台湾、香港、ウイグル・チベットをめぐる人権問題などで米中両国の戦略的競争がいっそう顕在化し、互いに妥協しないとして、グレーゾーン事態から重大な事態に発展する恐れがあると強調している。

米中関係と日中関係の実際は

しかし、バイデン政権も岸田政権も、中国を「敵」とはみておらず、習近平政権も日本を「敵」とみていない。

第3章で紹介したように、２０２２年11月14日のバリ島での米中首脳会談では、バイデンが「米中は競争が衝突に発展することを防ぎ、相互協力が必要な世界的課題にともに取り組む方策を見出す責任がある」と呼びかけ、習近平は「米中関係を向上させなければならない。安定的な発展の軌道に戻していきたい」と応じた。もはやお互いに「敵」として戦争するような関係でないことは明らかである。

習近平政権は、岸田政権に対しても敵対的な態度はとっていない。それどころか、2021年10月8日には、習近平主席が岸田首相に電話をかけて「互いに協力しあうパートナーだ」と述べ、岸田は「新時代が求める建設的で安定した日中関係を築くためにともに努力しよう」と応じた。翌日の「人民日報海外版」は第1面トップの全段通しの大見出しで、両者の電話会談を報じたのである。習近平は2022年8月22日にも岸田に電話をして「あなたと一緒に新時代が求める中日関係の建設を進めよう」と呼びかけ、これも同紙1面トップで大きく報じられた。

日中両国がお互いに「敵」として、最新兵器で戦争するどころではない。日本はアメリカと軍事同盟で結ばれた対米従属の国であり、岸田政権下の日中関係も、バイデン・習近平のバリ島会談で示されたような米中関係が反映しているのである。

それにもかかわらず、日本の新聞には台湾海峡紛争への自衛隊出動が当たり前のように書かれている。

それは現実に国民の不安を呼び起こしている。日本経済新聞2022年8月12日付は、同月の世論調査で「台湾有事をめぐる懸念」について聞いたところ、中国と台湾が軍事衝突した場合に日本が巻き込まれる可能性について、「恐れを感じる」という回答が81％に達し、「恐れは感じない」は14％だったと報じた。

「日経」の記事は調査の対象や方法は書いていないが、日本のメディアや論壇には、「台湾有事」、すなわち中国軍が台湾に攻め込み台湾海峡で戦争がおこるという記事や論評があふれている。「日経」の世論調査に示される数字はその反映とみることができる。

日本の軍事力増強は何のためか

岸田政権は２０２２年12月に発表した安全保障３文書の一つである「国家安全保障」で、ウクライナと同様の深刻な事態がインド太平洋地域、とりわけ東アジアにおいて将来発生する可能性が排除されないとし、中国が台湾について武力行使する可能性を強調している。これは、麻生太郎自民党副総裁が、台湾海峡の紛争が日本に波及するから、南西諸島の防衛が大事だと危機感をあおっているのと同じ論法である。岸田首相は２０２３年度から5年間の軍事費を、現行の中期防衛力整備計画（中期防）の総額27・5兆円の1・56倍の43兆円とするよう関係閣僚に指示している。

日本が軍事費をGDP比2％にすれば、現在の軍事費４９１億ドルの2倍の９８２億ドルになり、インドの７２９億ドル、ロシアの６１７億ドル、イギリスの５９２億ドル、サウジアラビアの５７５億ドル、ドイツの５２８億ドル、フランスの５２７億ドルをこえて、世界第３位の軍事大国になる。ちなみに第1位のアメリカは7780億ドル、第2位の中国は2520億ドルである。

くわえて日本の軍事力の問題で見落としてはならないのは、それがアメリカ軍の指揮を受けて戦う対米従属の軍隊であることである。自衛隊の演習も現実に、米軍の指揮下で行われている。

日米間では、日本の軍隊がアメリカ軍の指揮下で戦うという秘密の約束（密約）が結ばれている著者（末浪）は、アメリカ国立公文書館に保存されている外交文書により、そのことを明らかにした（末浪靖司『日米指揮権密約の研究』創元社、2017年10月10日）。

この指揮権密約の下で、自衛隊は前身の「警察予備隊」がマッカーサー占領軍総司令官の命令によって作られた経過が示すように、発足当初からアメリカ軍の指揮下にあり、自衛隊に対する米軍司令官の指揮は年を経るごとに強化されている。「台湾有事」を理由にした軍事力の大増強は、2022年5月23日にワシントンで菅首相がバイデン米大統領に約束した「台湾海峡の平和と安定」への貢献を実行に移したものである。

台湾は中国の一部であり、台湾海峡に自衛隊が出動すれば、中国軍と戦火を交えることにもなる。そうなれば、戦争放棄と戦力不保持を定めた日本国憲法に反して、日本は再び中国と戦争することになる。

日本を拠点に太平洋・インド洋に

アメリカ軍は日本を拠点にして西太平洋地域を含む地球上の広範な地域で行動を強化している。

２０２２年６月には米海兵隊岩国基地（山口県）所属のＦ35戦闘機やＦ18戦闘機、米空軍嘉手納基地（沖縄県）所属のＦ15戦闘機、米本土から岩国基地に一時展開したＦ22戦闘機などが、東シナ海の日中の中間線を越えて飛行するなど中国に対しても挑発的行動を繰り返してきた。

また海軍でも、横須賀基地（神奈川県）所属の空母ロナルド・レーガンとその打撃群、イージス艦ヒギンズ、アンティータムなどがフィリピン海を航行した。ロナルド・レーガン打撃群のドネリー司令官は「状況を監視するため、この地域にとどまり続ける」という。

問題は、いかなる状況を監視するために、横須賀を起点にして、フィリピン海を航行するのか、ということである。フィリピン海は、中国とＡＳＥＡＮ諸国が緊張する南シナ海と、フィリピン諸島を挟んでその反対側にある。最近は中国軍が太平洋地域で活発に活動しており、その状況を監視する目的もあるが、インド太平洋全域に対する抑止力を維持する目的が大きい。

このことは、日本に配備され激しい訓練を繰り返しているオスプレイＣＶ22についても言える。

オスプレイＣＶ22は、米空軍特殊作戦司令部に属しており、敵地深く侵入して、人質や捕虜の奪還など特殊作戦を任務とする部隊を運ぶ航空機である。これまでは中東やアフガニスタンの都市作戦などに出撃してきた。米空軍が日本に配備している航空機のなかで、Ｆ35、Ｆ16などの戦闘機とともに、いまではオスプレイＣＶ22が極めて重要な位置を占めている。

沖縄県の普天間基地などに配備されている米海兵隊のオスプレイＭＶ22についても、同じことがいえる。ＭＶ22はかつて日本から強襲揚陸艦に積載して、インド洋を越え、アラビア半島のイエメンなどに対する攻撃に使われた。

アメリカ軍の基本的任務は、地球的規模でのアメリカの覇権を軍事面で維持することである。アフガニスタンにおける米軍の武装勢力との戦争は終わったが、アメリカ軍は今も日本をはじめ世界各地に配備されており、いつでも戦場に出撃できるよう戦闘訓練を続けている。

台湾海峡への自衛隊派遣論

日本国民にとって重大なのは、自衛隊を台湾に送るという発言が次々に登場していることである。

ペロシ米下院副議長が台湾を訪れた２０２２年８月初旬には、元防衛大臣や自民党国会議員、元自衛隊幹部らが会合をひらき、台湾有事を想定したシミュレーションを行った。小野寺五典元防衛相が自衛隊の指揮権をもつ内閣総理大臣役になって、自衛隊が有事へ移行する政府の対応を検証したと報じられた。

もともと「台湾有事」への自衛隊派遣は、米統合参謀本部（ペンタゴン）でアメリカ軍人から対日要求を受けてきた、河野克俊元自衛隊統合幕僚長のような自衛隊の制服組が言い出したものである（＊）。

河野元統幕長は、自衛隊準機関紙「朝雲」２０２１年４月22日付で、台湾海峡紛争を２０１５年に成立した安全保障法制の「重要影響事態」と認定して後方支援するとか、「存立危機事態」「武力攻撃事態」として集団的自衛権を行使するとかを具体的に検討するべきだと主張した。

日本国憲法の平和原則を厳格に守って

岸田首相は、ロシアのウクライナ侵略と台湾海峡紛争を結びつけて言う。

「ウクライナ侵略に加え、台湾情勢で米中関係は緊迫している。安全保障環境が厳しさを増している時だから、防衛から説明しよう」（「読売新聞」２０２２年８月１３日付）

ウクライナとロシアの関係と、台湾と中国との関係は、これまで明らかにしてきたように、根本的に違っている。ウクライナはかつてロシアに併合されたことがあるとはいえ、民族も別なら国も別である。それに対して台湾と大陸中国は同じ中華民族であり。台湾情勢で米中関係が緊迫しているからといって、外国が「台湾防衛」などといって、干渉することは許されない。まして日本がか

（＊）自衛隊内部文書２０１４年12月24日付「幕僚長訪米時における会談の結果について」（取扱厳重注意）には、オディエルノ陸軍参謀長の「中国に対しては外交、軍事等あらゆる手段を用いて対応することが重要」との当時の河野統幕長に対する発言が掲載されている。

って50年間という長期にわたる過酷な植民地支配を続けた地域である。

「読売」の記事は、アメリカや日本が台湾海峡の紛争に干渉し、自らの日米軍事同盟強化や軍事力増強を行う理由として、「台湾有事は日本有事」という現実があるからだという。しかし、見てきたように、台湾有事という事態が起きるかどうかということが、どこまで現実を反映したものであるかどうかということが、まず具体的に検討されなければならない。そして、台湾海峡の紛争は「日本有事になる」といってアメリカ軍との共同作戦態勢や自衛隊増強の理由にならないことを明らかにする必要がある。

いったい日本国憲法の下で、自衛隊を台湾に送るなどという議論が、なぜ出てくるのか。

これまで日本政府は自衛隊をカンボジア内戦、東チモール内紛、湾岸戦争、イラク戦争、南スーダンなどに派遣してきた。いずれも、戦争と、武力による威嚇、武力の行使を永久に放棄する、陸海空その他の戦力を保持しない、交戦権を認めないと定めた日本国憲法に違反し、国民大多数の反対を押し切って強行したものである。

政府は自衛隊の任務を、国連平和維持活動に協力して地雷撤去、給水や道路整備の人道援助、停戦監視などをするのであり、武力の行使はしないと言ったこともあり、現地の状況が緊迫してくると、自衛隊員に犠牲者が出る前に撤退させなければならなかった。その後、海外派兵の機会を窺う中で出てきたのが、台湾海峡紛争、すなわち大陸中国と台湾の紛争に自衛隊を送るという主張である。

みてきたように、中国当局の立場からすれば、「台湾解放」は中国革命の残された課題の遂行であり、中国内戦の延長である。したがって自衛隊派遣は他国の内部紛争に軍事的に介入することになる。

いつも「中国」が持ち出される

日米共同作戦態勢や自衛隊増強の理由として、中国が持ち出されるのは、今に始まったことではない。

1951年に旧日米安保条約が結ばれ、それに合わせて警察予備隊を改組し保安隊が発足した当時からである。

最近も、いま自衛隊が保有しているF35B戦闘機を導入する理由の一つは、「中国の軍拡」だった。「読売新聞」2018年2月12日付はF35B導入で「自国領から遠く離れた地域での作戦が可能になる」とし、「中国は軍拡を急ピッチで進めている。長距離巡航ミサイルを搭載する中国軍の戦略爆撃機「H6」は近年、沖縄県周辺や対馬海峡、紀伊半島に飛来し、戦闘機も高度化している」と書いた。

Ｆ35Ｂの航続距離は約１６６７キロメートル。日本から中国大陸主要部に飛行できる。１００数10メートルの滑走路で離着陸できるから、兵員の輸送も可能である。もっとも自衛隊が独自に中国軍と戦うことはあり得ない。日米軍事同盟下では米軍が中国軍に対して睨みを利かせる補助部隊として意味を持つ。

政府・防衛省などの議論では、米中関係は緊迫しており、米国と同盟関係にある日本としても防衛力を強化し、米軍と共同作戦する態勢強化を急ぐ必要があるという主張が盛んである。

日本のすぐ近く、沖縄県の与那国島とは１１０キロしか離れていない台湾には、中国の戦闘機や戦闘機が頻繁に飛んできており、これに対抗するということで、与那国島など南西諸島に自衛隊が駐留し、米軍の空母や駆逐艦が台湾海峡を遊弋《ゆうよく》する。

さらに、中国軍が台湾に侵攻して戦争になれば、与那国島や石垣島にも波及するとして、今や台湾の目と鼻の先にある沖縄県の先島諸島の自衛隊による要塞化が、急ピッチで進められている。

「敵基地攻撃能力」の内容は、「弾道ミサイル攻撃を含む武力攻撃に対する反撃能力を保有する」というもので、反撃する目標は「相手国の指揮統制機能を含む」（自民党参議院選公約）という。

岸田内閣の浜田靖一防衛相は、北海道に集中していた弾薬の備蓄状況を是正し台湾有事への備蓄を厚くするとし、「九州や本州方面からの補給を支えるインフラを築けば、台湾有事の対応にあたる米軍の後方支援などにも役立つ」と強調する（「日本経済新聞」２０２２年９月７日、南西諸島に火薬庫増設)。

自衛隊を動かす閣僚が、台湾海峡で戦争が起きれば、自衛隊を出動させることを当然のことのように言明するのである。防衛相はそのために「防衛省は反撃能力の手段となり得る長射程の国産巡航ミサイルの開発に取り組む」とも言う。

浜田防衛相のいう「反撃能力」は、「敵基地攻撃能力論」を言い換えたものである。岸田文雄首相は、2022年5月の日米首脳会談で「反撃能力も含めあらゆる選択肢を排除しない」として、「防衛費の「相当な増額を確保する」とバイデン大統領に誓約した。

米中関係の影響を最も受ける

「敵基地攻撃能力」とは戦争する意図がむき出しなので、日本政府は「反撃能力」と言い換えたが、意味は同じである。日本が独自で戦うのではなく、米軍とともにその指揮下で戦うのである。

日米安保条約第6条により米軍は日本から出撃したり、日本の基地から諸外国にミサイルを撃ち込んだりすることもできる。「敵基地攻撃能力」というのは、そうした場合に日本がアメリカ軍とともに、戦えるようにすることである。「反撃能力」と言い換えても同じことである。政府も自民党も相手国とはどこの国のことなのか。それは言わないが、岸田内閣が2022年7月22日に閣議決定した「防衛白書」は、岸田首相が7月5日、バイデン大統領との共同記者会見で「いわゆる反撃能力を含めて、あらゆる選択肢を排除しない」と述べたことをあげて、「相手国が武力攻撃に着手した後に、わが国が武力を行使することは、先制攻撃とは異なる」と述べている。

相手国が日本に対して実際に武力攻撃をしていない段階でも、それに「着手した」と判断すれば、その段階で武力を行使するというであるから、これはまぎれもない先制攻撃である。

政府はかつて日本が武力を行使する3要件として、①わが国に窮迫不正の侵害があり②これを排除する他に適当な手段がない③必要最小限にとどまる、と定めていた。

ところが安倍晋三政権下の2014年7月15日に、①は「わが国に窮迫不正の侵害」とともに、同盟国への攻撃に対しても、集団的自衛権を発動して武力を行使できるように変えた。

「防衛白書」によれば、その場合、どこかの国の軍隊が米軍への武力行使に「着手した」と認定すれば、自衛隊が「反撃する」ことになる。これは日本が戦争を買ってでることである。安倍政権が改定した新武力攻撃3原則にもとづいて2015年4月27日に米側と合意した「日米防衛協力の指針」（ガイドライン）は「アジア太平洋地域及びこれを越えた地域」と述べ、自衛隊と米軍がアジア太平洋地域と、それにとどまらずさらに広い範囲で協力することを明らかにしている。アメリカ軍が中東、アフガニスタン、アフリカ大陸各地などで軍事作戦をしており、場合によっては日本もそうしたアメリカの戦争に参加することを約束しているからである。

2、日米軍事同盟下の現実を直視して

第2次世界大戦後に再出発した教訓に立って

日本は第2次世界大戦後、明治以来の歩みに対する根本的反省にたって再出発した。日清戦争、日露戦争に始まり、いわゆる「満州事変」から太平洋戦争へと進んだ侵略戦争の教訓にたってのことだった。

日本が侵略戦争を進めた主な舞台は中国大陸であり、太平洋戦争はそれがアメリカなどの連合国との戦争に発展したものであった。

日本は日清戦争後の下関条約で清国に台湾、澎湖諸島などを割譲させ、1900年の義和団事件で8カ国連合軍に加わって北京に出兵した。日露戦争後の1905年のポーツマス条約では南満州鉄道をロシアに割譲させ、1914年に始まった第1次世界大戦では、翌1915年に北京の袁世《えんせい》凱《がい》軍閥政府に対して21カ条の要求をつきつけた。

中国革命が進展するなかで日本軍は1928年に山東省済南で革命軍である北伐軍と衝突した（済南事件）。済南事件に対しては中国各地に日本を排撃する運動が広がり、1931年9月18日に

始まった中国東北部への侵略戦争（いわゆる満州事変）では、日本の侵略に反対する運動が中国大陸全域に広がった。そして日本は1937年7月7日の盧溝橋事件を契機に侵略戦争を中国大陸全域に拡大し、これに反対するアメリカなど連合国との全面的な戦争に突入していった。

アメリカのルーズベルト大統領は1941年8月、イギリスのチャーチル首相と大西洋上の艦船で会談し、米英共同宣言「大西洋憲章」に署名した。そこには「自国の国境外における侵略の脅威を与え」る国々の「武装解除は欠くことができない」と書かれたが、これはナチス・ドイツとともに日本を指していた。

それから80年余を経た現在、日本列島はアメリカ軍と自衛隊の共同訓練場にされ、両軍は陸海空で激しい共同訓練を日夜繰り返している。その中では、アメリカ軍のC130輸送機やオスプレイなどの米軍航空機から重武装の陸上自衛隊員がパラシュートで地上に降り、ただちに地上戦をする訓練が増えている。

いったい「敵」はどこなのか。岸田内閣は具体的に明示しないが、アメリカ軍と自衛隊は現実に「中国を念頭において」として、共同作戦の演習を繰り返している。いったい、武装した陸上自衛隊員が台湾海峡や中国大陸に米軍航空機から降下して中国軍と戦うのか。

岸田政権下で防衛省は、「敵基地攻撃」のために使用可能とされる「スタンド・オフ・ミサイル」による「防衛能力」向上を第1項目に掲げ、沖縄県宮古島や鹿児島県奄美に配備されている陸上自衛隊への配備を検討している。射程は最長1500キロメートルへ延伸させる方針とされている。

そこで問題は、岸田内閣のいう「反撃能力」あるいは「敵基地攻撃」に対して、中国はいかなる態度か、ということである。

ニクソンが周恩来に語った日米安保

中国では1960年の安保改定による現行安保条約調印に対して、北京の天安門広場における100万人集会をはじめ各都市で大規模な抗議行動が行われた。しかし、毛沢東が「文化大革命」と称して1966年に起こした「奪権闘争」によって、各地の中国共産党組織が破壊されていた。

1972年2月に訪中したニクソン米大統領は、周恩来首相との同月22日の会談で、「米国の対日政策が中国の安保上の利益になっているいると、わたしがなぜ強く考えているかを理解してもらいたい」として、次のように続けた。以下は、ワシントン発時事通信が伝えるニクソンと周恩来のやりとりである。少し長いが時事通信社配信の記事を引用する。

ニクソン大統領は、中国の立場が米軍の日本からの撤収と安保条約廃棄にあると承知していると述べた上で、「米国の対日政策が中国の安保上の利益になっていると、わたしがなぜ強く考えているかを理解してもらいたい」と語り、次のように続けた。

「米中両国は日本の軍国主義との非常に困難な経験を共有している。軍国主義が永久になくなるような情勢変化が望ましいが、もし、われわれが日本から去れば、それを保証できない。

さらに大統領は「日本には巨大な生産力の経済があり、戦争に敗れた記憶から、米国の（安保上の）保障がなくなれば、独自の防衛力を築きあげるかもしれない。日本との防衛上の取り決めがなければ、台湾問題や朝鮮問題も含めて米国は日本に何の影響力も行使できない」

そして、「米国は中国に何のたくらみもない。米国は防衛関係のある日本などに対し、中国に有害な政策を取らないよう影響を及ぼさせると信じてほしい」と語り掛けた。

この熱弁をうけて、周首相は英語で一言、「サンキュー」と答えた。

「瓶のフタ」論で自衛隊増強賛美

以上が時事通信の全文である。ニクソンが周恩来に力説した、アメリカ軍が日本の独自の防衛力を築きあげるのを阻止しているというのは、「瓶の蓋」論として1980年代にはよく言われたものである。

しかし、事実は、ニクソンが周恩来に述べたのと、まったく逆であって、アメリカが自衛隊をアメリカ軍の指揮下で使うために、日本の軍備増強を要求してきたのであり、いまも要求して実行させているのである。これこそが、毎日のように報じられている日本と日米軍事同盟の現実である。

この現実に照らして見るなら、「瓶のフタ」論は中国当局が日米安保条約賛成に転換し、アメリカとの協調関係を追求しながら、自国の軍備増強を進めるうえで、まことに都合のよい理屈である。実際、この理屈は「文化大革命」が終わって復活した鄧小平によってたちまち採用されたのだった。

　鄧小平は１９７８年９月６日、日本報道各社論説責任者訪中団との会見で、「私たちは、日本が自衛力をもつことに賛成している。日本が自衛力をもつことは悪いことではない」と述べた。この時は表現がまだ幾分か穏やかだったが、同年10月23日の福田赳夫首相との会談では、相手が自衛隊増強を進めている自民党政治家だからと安心したのか、さらにエスカレートして安保条約に反対する側への敵意をむき出しにして、次のように述べた。

「日本の外交方針は十分に理解する。日米安保条約、自衛力強化も理解する。自衛力のない国が軍縮などと、とやかく言うのはおかしい」

「安保条約をおかしいという人がいるようだが、そういう人のほうがおかしい」

　対日政策責任者だった廖承志も同年11月１日、国際問題研究者友好訪中団との会見で「日本が民族独立を守るために兵力をいくら増強しても、軍国主義の復活とは考えない。日本が相当な兵力を持つことは世界の平和とアジアの平和の重要な要因となる」と述べた。

　１９７８年からの改革開放下で、鄧小平ら政府首脳が頻繁に訪米するようになると、中国当局は日米軍事同盟や日本を足場にしたアジアにおけるアメリカ軍の展開を批判したことがない。

　中国当局は現在も、バイデン大統領やその閣僚の言動や政権の個々の動きについて自国の利益にかかわる問題について反論したり批判したりすることはあっても、その世界戦略を大局的に批判することはない。

あとがき

アメリカと中国は21世紀の世界で互いに覇権を争う2つの超大国である。両大国はその関係を双方が「競争」と言っている。政治、外交、経済、宇宙開発、科学技術、イデオロギーなどすべての分野で国力を使って互いに相手に打ち勝とうと闘いながらも、武力を行使する戦争にならないように、周到に動いている。

この競争は、一挙に戦争で勝負をつけるような単純なものでなく、一方では、互いに協調して、国際社会での支配的地位を維持しようとしているわけである。

中国は、中東地域で武装勢力がアメリカに対して攻撃を加えた時には、国連安全保障理事会で米軍による武力行使を認めた。核兵器禁止条約が発効し、核兵器廃絶が国際社会でいよいよ現実的課題になったことに対しては、核保有国による結束によって、これを抑え込もうと共同している。

しかし、日本では、アメリカの軍事力によって中国に対抗するのは当然という主張が支配的である。アメリカの軍事力に依存して日本の平和と安全を守る必要があるという論調がメデァなどを通じて流されている。

中国は軍事力を増強しており、日本ではこれに対抗するとして、アメリカ軍と自衛隊による共同作戦態勢が急速に強化されている。憲法9条を守っていてよいのか、という主張もある。

この問題に答えるためには、米中関係の現実を正確に知る必要がある。

米中関係歴史年表　（1784～2022）

米中関係	米　国	中　国
1784.8「中国皇后号（エンプレス・オブ・チャイナ）」広州入港		1866.3　米艦隊、台湾遠征失敗
1899.9.6 ジョン・ヘイ国務長官が門戸開放を要求する覚書		
1900.8.15　米など8カ国連合軍が義和団事件で北京占領	1901.9.6 セオドア・ルーズベルト副大統領が大統領に昇格	1907　中国革命同盟会の蜂起相次ぐ
	1904.11.8　セオドア・ルーズベルト（共和党）大統領当選	1910.2.12　中国革命同盟会の黄興、胡漢民ら蜂起
	1908.11.3　米大統領にタフト（共和党）当選	1911.10.10　武昌で同盟会蜂起。辛亥革命始まる
	1917.4.6　米がドイツに宣戦	1912.1.1　中華民国成立、孫文臨時大統領
	1918.1.8　ウイルソン大統領が平和原則14カ条を発表	1919.5.4　5･4運動、抗日運動。北京から各地に拡大
	1920.11.2　ハーディング（共和党）大統領に当選	1925.5.30　5・30、上海から抗日運動が全国に波及
	1929.10.24　ニューヨーク株式大暴落、世界恐慌始まる	1931.9.18　柳条湖事件、満州侵略戦争始まる
	1933.3.4　フランクリン・ルーズベルト政権発足（～1945.4）	
	1933.3.9～6.16　ニューディール政策の諸立法	1937.7.7　盧溝橋事件、日中戦争始まる
	1940.11.5　フランクリン・ルーズベルト大統領3選	
1943.11.22～11.27　カイロ会談、ルーズベルト、蒋介石、チャーチル	1941.12.8　太平洋戦争始まる	1943.4.17　蒋介石が台湾統治検討を指示
1946.1.18　トルーマンが中国政策、蒋介石を全面支援	1944.11.7　ルーズベルト4選	
	1945.4.11 ルーズベルト急死。トルーマン政権発足	1945.8.15　日本がポツダム宣言受諾し無条件降伏
	1946.1.6　ロイヤル陸軍長官が「日本は共産主義の防波堤に」	1947.2.28　台湾で国民党反対の運動、3万人が犠牲に
	1947.3.12　トルーマン・ドクトリン	1949.10.1　中華人民共和国成立
1950.1.5 トルーマン、台湾不介入を声明	1950.6.25　朝鮮戦争始まる	1950.1.20 周恩来首相がモスクワでソ連と交渉
1950.7.31　マッカーサー総司令官が台湾訪問、米軍台湾進駐	1951.3.21　マッカーサー、中国爆撃主張しトルーマンと対立	1950.6.3　周恩来が米国の台湾侵略非難

1954.9.14　米政府、第7艦隊に金門防衛の蒋介石支援命令	1952.11.4　アイゼンハワー（共和党）が大統領に当選	1953.1.1　第1次5カ年計画開始
1954.12.2　米台相互防衛条約調印	1952.2.24　米と西欧10カ国、戦略物資の共産圏輸禁止協定	1951.8.15　周恩来、対日講和会議を非難
1955.1.27　米軍極東司令部が戦闘爆撃航空団を台湾移駐	1954.9.6　SEATO(東南アジア条約機構）発足	1954.6.28　周恩来・ネルーが平和5原則の共同声明
1955.1.28　第7艦隊が台湾海峡に集中		1954.9.3　中国軍が金門・馬祖砲撃開始
1955.8.1　第1回米中大使級会談（ジュネーブ）		1954.9.20　中華人民共和国憲法採択
		1955.2. 6　中国軍が大陳島などに集結、台湾軍撤退
1958.8.23　第7艦隊が台湾海峡で戦闘態勢と国防総省		
1958.9.4　ダレス国務長官、必要あれば米軍出動と声明		195 8.8.23　中国軍の金門・馬祖砲撃激化
1958.8.6　周恩来、米を非難しつつ米中大使級会談を受入れ		1958.10.8　金門砲撃1週間停止
1958.9.15　米中会談ワルシャワで再開		1959.4.27　国家主席に劉少奇選出
1958.10.21　ダレス台湾訪問、大陸武力反攻を否定		1959.8.18　中共軍事委員会拡大会議
1960.5.13　米が台湾にF104戦闘機供与	1960. 1.19　日米安保条約調印	1961.3.1　鄧拓「北京晩報」に「燕山夜話』（文革の理由）
	1960.11.8　ケネディ（民主党）大統領に当選 ,61.1 政権発足	1961.8.2　中国軍が台湾偵察機撃墜
		1965.9.3　「人民日報」に林彪「人民戦争万歳」掲載
1965.10.5　中国空軍が広西省で米軍偵察機を撃墜	1965.2.7　米軍がベトナム北部爆撃(北爆）始まる	1965.11.11　中国空軍3名が爆撃機で台湾に亡命
	1966.12.2　米軍がハノイの人口密集地爆撃	1965.11.10　人民日報「海瑞免官を評す」（文革の始まり）
1970.1.20　第135回米中大使級会談（ワルシャワ）		
1970..2.12　周恩来「米国が特使を派遣すれば受けいれる」		
1970.3.16　米政府が米国人の中國旅行制限緩和発表	1970.4.30　米軍がカンボジアに侵攻	
1970.11.10　パキスタン大統領がニクソン親書もって訪中	1970.5. 1　米軍が1968年以来停止していた北爆再開	
1970.12.18　毛沢東がエドガー・スノウに「ニクソンを歓迎する」		
1971.3.15　米国務省が米国人の中國旅行制限を撤廃		

1971.3.28　名古屋の世界卓球選手権大会の米国選手を招待		
1971.4.14　ニクソン大統領が対中国制限５目の緩和発表		
1971.4.16　ニクソンが訪中したいと記者会見で表明		
1971.7.9　キッシンジャー大統領補佐官訪中、「ビンの蓋」論説く		
1971.8.15　ニクソンが1972年５月以前に訪中するとメッセージ	1971.8.15　ニクソン政権がドル交換停止（ドル・ショック）	
1971.9.16　ニクソン、中国の国連加盟・台湾の追放に反対	1971.11.10　ワシントン・ポスト紙「林彪は追放された」	1971.10.25　国連総会、重要事項否決、中国代表権回復
1971.10.20　キッシンジャー訪中、ニクソン訪中の日程など協議		
1972.2.21　ニクソン訪中、キッシンジャー同行（～27）	1972.5.8　米軍は北ベトナム爆撃を強化・港湾に機雷	1971.12.29　中共中央、林彪との闘争資料配布
1972.2.27　米中共同声明（上海コミュニケ）	1972.6.17　ウオーターゲート事件発覚	
1972.6.19　キッシンジャー４回目訪中	1972.12.29　米が台湾に大量の武器売却を発表	
1973.2.15　キッシンジャー訪中、毛沢東と会談		
1973.5.1　米中連絡事務所を北京とワシントンに設置		1973.4.2　鄧小平が副首相に復活
1973.5.14　ブルース米初代中国駐在事務所長北京着任	1973.2.7　上院にウオーターゲート特別調査委員会設置	
1973.11.10　キッシンジャー訪中、台湾問題で対立		
1974.10.28　フォード大統領、台湾防衛決議廃止法案に署名	1974.8.8　ニクソン辞任発表、8.9フォードが大統領に昇格	
1975.10.19　キッシンジャー訪中、毛沢東らと意見交換	1976.9.9　毛沢東死去。華国鋒が党主席に	
1975.12.1　フォード、キッシンジャー訪中、毛沢東、鄧小平と会談		
1978.12.15　米中国交正常化を合意したと発表	1977.1.20　カーター大統領就任	1976.10.12　江青ら４人組逮捕
1979.1.1　米中国交回復。米は台湾と断交		1977.7.16　鄧小平が党副主席に再復活
1979.1.28　鄧小平副首相、初の訪米、ベトナム攻撃示唆		1977.8.12 ～ 16　中国共産党第11回大会
		1978.5.20　蒋経国が総統に

1979.4.10　カーター大統領、台湾関係法に署名		1979.2.17　中国軍がベトナム侵攻（中越戦争）、
1979.7.7　米中貿易関係協定調印（北京）		1979.5.4 「人民日報」が日米共同作戦体制を評価
1980.2.1　最恵国待遇を相互に供与する米中貿易協定発効	1980.11.4　レーガン（共和党）大統領選で当選	1980.2.29　胡耀邦、総書記に。劉少奇名誉回復
1980.9.17 米中民間航空協定、海運協定、繊維品協定など調印	1981.8.9　レーガン大統領が中性子爆弾の製造再開決定	1980.9.10　華国鋒首相が辞任、後任に趙紫陽首相
1981.6.9　米の台湾向け武器輸出で中国が強硬手段辞さずと	1981.8.11　米国防長官、中性子爆弾を極東にも配備と言明	1981.6.29　中共11期6中総で胡耀邦主席就任
1981.6.14 黄華外相とヘイグ国務長官、台湾へ武器輸出で合意	1981..10　レーガン政権が過去最高の軍拡予算	1982.9.12　中共12期1中総で胡錦濤総書記
1983.1.13　米中貿易交渉決裂		1982.12.4　全人代第5回会議が新憲法を採択
1984.1.7　趙紫陽首相訪米、軍事協力強化で一致		1983.8.22　第2砲兵7部隊、戦略ミサイル部隊演習
1984.4.26 レーガン大統領訪中、中国4つの近代化・軍事力支持	1984.1.25　レーガン、一般教書で「強いアメリカ」強調	1985.9.18　北京大、精華大など日本軍国主義反対デモ
1984.6.11　張愛萍国防相訪米、ワインバーガー長官と会談。米中軍事協力を合意		1986.5.19　台湾の亡命機につき中台直接交渉
1984.6.19　米国防総省、台湾にC130輸送機など軍用機売却		
1984.10.16　ワインバーガー、米軍事訓練視察団訪中、陸軍など実戦部隊視察		1986.12.5　中国安徽省合肥で学生が民主化要求デモ
		1987.10.25　中共第13回大会、趙紫陽が活動報告、
	1986.10.11　レーガンとゴルバチョフがレイキャビクで会談	1987.1.1　天安門広場で学生数千人デモ
1987.6.29　カーター大統領・鄧小平会談。鄧は三権分立拒否	1987.10.19　ニューヨークの株式大暴落「魔の月曜日」	1987.1.16　胡耀邦辞任
	1987.12.9 レーガンとゴルバチョフ、中距離核戦力全廃条約調印	1987.7.15　蒋経国総統、戒厳令を３８年ぶり解除
1989.7.2　鄧小平、スコウクロフトと会見「内政干渉許さない」	1989.1.20　ブッシュ大統領就任演説で「力の政策」を強調	1987.11.29　中共党大会で趙紫陽が党主席に
1989.7.28　ブッシュが親書、サミット宣言から中国非難削除		1988.1.13　蒋経国死去

		1989.4.15　天安門広場に民主化求め 100 万人集会
1989.12.19 米政府が対中国通信衛星輸出解禁。対中融資再開		1989.6.4　天安門広場で中国軍が戦車投入、殺戮
	1991.1.12　米上下両院、湾岸問題で武力行使容認決議	
1992.9.2 米政府が台湾向け F16 戦闘機 150 機売却承認	1991.1.17　イラク空爆開始	
1993.12.22　天安門事件の対中武器輸出禁止を解除	1992.1.28　ブッシュが「冷戦に勝利し世界の指導者になった」	1993.3.27　江沢民党総書記が国家主席に
1994.5.26　クリントン大統領が最恵国待遇を解除すると通告	1992..11.3　クリントン（民主党）大統領選で当選	1993.11.7　台湾が金門、馬祖の厳戒態勢 43 年ぶり解除
1995.3.19　米貿易代表団、江沢民らと会談、知的財産権保護	1994.11.8　中間選挙で共和党が上下両院で過半数獲得	
1995.3.29　米ミサイル巡洋艦バンカーヒル、青島友好訪問		
1995.5.29　クリントン大統領が対中最恵国待遇を延長		
1996.3.14　国防総省「中国は台湾攻撃の意図ない」と米に通告		1996.3.23 李登輝が初の台湾総統選で勝利
1996.8.23　米国防総省、台湾に地対空ミサイル売却		
1996.12.2　米国防総省、ミサイル防空システムを台湾に輸出		
1997.1.15　米国の地対空ミサイル基第 1 陣が台湾に到着		1997.7.1　英が香港を中国に返還
1997.10.26　江沢民訪米。共同声明「建設的パートナーシップ」		
1997.11.16　魏京生釈放、米国に出発		
1998.6.25　クリントン大統領訪中、江沢民と会談		1998.3.17　全人代が朱鎔基を首相に選出
1999.4.6　朱鎔基首相訪米		
1999.5.7　NATO 軍がユーゴの中国大使館爆撃、2 人死亡		
1999.7.18　江沢民とクリントン電話会談。江沢民は李登輝批判		1999.7.22　中国政府が気功集団「法輪功」活動禁止

1999.11.15　米中が中国のWTO加盟で合意，2001.1.加盟		
2000.1.22　米中軍事交流再開。熊光楷副参謀総長ら訪米	2000.11.7　米大統領選ブッシュの勝利確定	
2001.4.1　海南島付近で米電子偵察機が中国軍機と空中接触	2001.1.20　ブッシュ大統領就任	
2001.4.11　中国は米偵察機乗員24人の全員出国を認める	2001.9.11　同時多発テロ	
2001.10　APECでブッシュと江沢民会談・テロ対策協力合意	2001.9.15　米政府、同時多発テロの主犯をウサマ・ビンラディンと断定	
2002.2.21　ブッシュ大統領訪中。「台湾関係法守る」と言明	2001.10.7　アフガニスタン空爆開始、11.13カブール占領	
2002.4.23　胡錦涛副主席訪米。ブッシュと軍事交流拡大で合意	2002.9.20「米国家安全保障戦略」、先制攻撃戦略表明	2002.11.8　胡錦濤体制発足
	2002.1.29ブッシュがイラク、イラン、北朝鮮を「悪の枢軸」と呼ぶ	2000.3.18　台湾総統選で民進党陳水扁当選
2003.10.28　曹剛川国防相訪米。ラムズフェルドと軍事交流再開合意	2003.3.19　米英軍がイラク攻撃開始	2004.3.20　陳水扁が台湾総統選で再選
2003.12.7　温家宝首相訪米。ブッシュと会談	2003.4.7　米英軍イラク全土を掌握	2005.4.9　小泉首相の靖国参拝に抗議、1万人デモ
2004.10.24　パウエル米国防長官訪中。対イラク武力攻撃容認要求		
2005.3.20　ライス国務長官訪中。李肇星外相と会談。	2004.11.3　ブッシュ大統領再選	2006.4.13　国民党の連戦名誉主席が訪中
2005.7.19　米国防総省白書「中国が潜在的脅威から現実的脅威になりつつある」		
2005.11..19　ブッシュ訪中。胡錦濤と「戦略的パートナーシップ」		
2006.4.18　胡錦濤主席、初の米国公式訪問、ブッシュと会談し「戦略的利益を共有」		2008.3.22　台湾総統選で国民党の馬英九当選
2006.5.23　米国防総省「中国軍事力の透明性」即す	2006.2.1国防総省「4年毎の国防政策見直し」	2008.5.20　馬英九が総裁就任「3つのノー」表明
		2008.5.26　台湾の呉伯雄国民党主席ら北京でトップ会談

2008.1.9　オバマ・胡錦涛電話会談「建設的な米中関係を築く」	2008.9.15　世界金融危機の発端、リーマン・ショック	2008.6.9　SH I PR が「中國軍事費が世界第 4 位」
2009.11.17　オバマ訪中、胡錦涛と初会談。「核兵器なき世界」	2008.11.4　オバマ、大統領選で当選	2008.12.20　中国海軍の駆逐艦がソマリア沖に
2009.12　米が台湾に P 3C 対潜哨戒機、迎撃ミサイル売却	2009.1.20　オバマが大統領に就任	2009.7.5　新疆ウイグル自治区で暴動
2010.4.1　温家宝「中米関係は最も重要な 2 国間関係」		
2010.4.1　オバマ・胡錦涛電話会談，持続的経済発展へ協力	2010.11.2　中間選挙で民主党大敗	
2010.5.13　米中人権対話 2 年ぶり、進展なし		2010.1013　中国台湾弁公室長が中台軍事交流案
2010.9.24　温家宝、オバマと会談し、米中軍事交流再開を協議		
2011.1.19　ワシントンでオバマ・胡錦涛会談。「安定した関係」		2011.1.20　中国名目 GDP が日本を超え世界第 2 位に
2011.6.5　ゲイツ国防長官、中国軍第 7 砲兵師団訪問		
2011.7.10　米中軍事協議。マレン統合参謀本部議長訪中	2011.7.15　米軍がアフガニスタンから撤収開始	
2011.8.19　バイデン副大統領訪中。胡錦涛主席と会談		
2011.11.12　オバマ・胡錦涛が会談。人民元の対ドル相場など		2012.1.14　台湾の馬英九総統再選
2012.6.19　G 2 0で米中首脳会談「実務的で建設的関係」		2012.10.7　民進党幹部が訪中・戴秉国と会談
2012.9.5　クリントン米国務長官が北京で胡錦涛と会談	2012.11.6　オバマ大統領再選．ケリー国務長官任命	2012.11.15　習近平体制発足、第 18 回中央委総会
2013.6.7　習近平、オバマが計 8 時間、初めて首脳会談。		2013.3.14　習近平党総書記、国家主席に就任
2013.7.8　米中戦略経済対話、首脳間のホットライン設置合意		
2013.8.19　常万全国防相訪米。ヘーゲル国防相と会談		
2013.12.5　南シナ海で米イージス巡洋艦と中国艦船急接近		
2014.3.24　オバマ・習近平がハーグで会談。二酸化炭素規制など		

2014.4.7　ヘーゲル国防長官訪中。空母「遼寧」視察		
2014.7.9　米中戦略・経済対話、北京で。南シナ海問題で対立		
2014.11.11　オバマ・習近平が北京で会談。衝突回避システム	2014.1.4　米中間選挙、共和党が上下両院で過半数獲得	
2015.6.23　米中・戦略経済対話。南シナ海問題で溝埋まらず		2015.11.7　習近平と馬英九、初の中台首脳会談
2015.9.25　オバマは習近平をホワイトハウスに招き会談		2016.1.16　民進党の蔡英文が総統選で勝利
2016.3.31　習近平がホワイトハウスでオバマと会談。		
2016.6.6　北京で米中戦略経済対話。習近平とケリーが会談	2016.11.9　米大統領選で共和党トランプが当選	
2016.9.3　杭州で習近平とオバマが「パリ協定」批准を発表	2016.12.11　トランプは就任前に蔡英文台湾総統と会談	
2017.4.6　パームビーチでトランプ・習近平会談。北朝鮮問題など	2017.1.20　トランプ政権発足、「米国第一」を宣言	
2017.6.29　米中が初の「外交安全保障対話」	2017.12.5　「国家安全保障戦略」	
2017.7.8　トランプ・習近平がハンブルグで会談	2018.1.19　「国家防衛戦略」「核態勢見直し」	
2017.9.18　トランプ・習近平が電話会談		2017.5.15 北京で「一帯一路」テーマに首脳会議開催
2017.11.9　北京で習近平・トランプ会談		
2018.1　北京で開催予定の第回米中外交安全保障対話延期		2018.3.11　憲法改正可決。国家主席任期撤廃
2018.6.29　大阪で習近平・トランプ首脳会談	2018.6.15　トランプ政権が中国製品に25%の制裁関税	2018.3.16　トランプは台湾との相互訪問促進法案
2018.6.27　マティス国防長官訪中。習近平と信頼醸成措置合意	2018.11.27　トランプ「香港人権・民主主義法案」署名	
2018.11.9　楊潔篪政治局員、魏鳳和国防相と米国務長官会談	2018.11.16　中間選挙で民主党が下院の過半数占める	
2018.10.18　マティス・魏鳳和、ワシントンで会談		
2018.11.1　トランプ・習近平電話会談		
2018.12.1　トランプ・習近平がブエノスアイレスで会談	2019.7.8　台湾へ地対空ミサイル22億ドル売却	

2019.2.27　北京で米中閣僚級貿易協議、ライトハイザーと劉鶴	2019.8.20　台湾に F16 戦闘機 66 機売却	2019.7.14　国防白書「新時代の中国の国防」
201911.18　魏国防相がバンコクでエスパー国防長官と会談		2020.3.6　フィリピンが南シ海で中国の国際法違反と抗議
2020.1.15　米中貿易協定。ホワイトハウスで調印		
2020.2.7　習近平・トランプ電話会談		
2020,3.27　習近平・トランプが電話協議、コロナ感染防止など	2020.7.2　米議会が制裁を盛り込んだ「香港自治法案」可決	
2020.3.18　中国がワシントン・ポストなど３紙記者を国外追放	2020.7.17　米空母ニミッツなどが南シナ海で演習	
2020.6.24　米国防総省がファーウエイなど中国企業を制裁対象に		
2020.7.8　ポンペオ国務長官が中国艦船の南シナ海侵入を批判		2020.7.29　成都の米公使館閉鎖
2020.7.22　米がヒューストンの中国総領事館の閉鎖要求		2020.8.10　中国空軍機の台湾海峡中間線越え相次ぐ
2020.7.24　ポンペオが「対中関与政策」との決別を宣言		2020.8.26　中国軍が南シナ海へミサイル発射
2020.7.27　中国が報復で成都の米総領事館を閉鎖		
2020.8.6　米中の国防相会談が南シナ海紛争の危機回避で一致		
	2020.12.22　米ミサイル巡洋艦が南シナ海で航行の自由作戦	2020.12.7　中国が南沙諸島に病院船配備
2021.2.10　習近平・バイデン電話会談	2021.1.20　米台の大使級がバイデン就任式に出席し会談	
	2021.3. 3　「国家安全保障戦略」	
2021.3.18　アンカレッジで楊潔篪・サリバン会談。激しい論争に		2011.6.22　国連人権理事会が新疆ウイグル人権決議
2021.8.19　米中国防高官オンライン会議、リスク管理で一致	2021.3.11　デビッドソン太平洋軍司令官、上院軍事委証言	
2021.9.10　バイデン、習近平電話会談		
2021.10.6　サリバンと楊潔篪員がチューリッヒで会談	2021.9.28　ミリー統合参謀本部議長、上院軍事委で証言	

2021.11.13　ブリンケン・王毅外相電話会談。台湾問題で応酬	2021.11.3　国防総省「中国の軍事・安全保障年次報告」	2021.11.11　共産党第6回中央委「歴史決議」採択
2021.11.16　バイデンと習近平3時間半テレビ会談、衝突回避合意	2021.12.10　バイデン政権「民主主義サミット」	
2022.3.18　バイデン・習近平が電話会談	2022.2.11　「インド太平洋戦略」	2022.2　中国軍が南シナ海で爆撃演習
2022.5.10　米ミサイル巡洋艦が台湾海峡通過		2022.5.26　王毅外相がソロモン諸島訪問
2022.5.24　バイデンが東京で台湾問題「戦略的曖昧を維持」と		
2022.7.9.　バリ島で米中外相が5時間会談。「建設的」と王毅		
2022.7.28　バイデン・習近平が電話会談。台湾問題論議		
2022.8.1　ペロシ下院議長が訪台、蔡英文総統と会談		2022.8. 4～7　中国軍が台湾周辺で軍事訓練
2022.11.14　バリ島でバイデン大統領・習近平主席が対面会談	2022.10.12　「国家安全保障戦略」	2022.10.16～22　中国共産党第20回大会
2022.11.23　米中国防相、カンボジアで会談、意思疎通図る	2022..10.27　「国家防衛戦略」「核態勢見し」 2022.11.29　「中国軍事力報告」	2022.10.23　中国産党中央委総会。習近平人事決める

末浪靖司（すえなみ・やすし）

1939年・京都市生まれ。著書:『対米従属の正体』（高文研）、『機密解禁文書にみる日米同盟』（同）、『日米指揮権密約の研究』（創元社）。共著:『終わらない占領との決別』（かもがわ出版）、『検証・法治国家崩壊』（創元社）、『虚構の新冷戦』（芙蓉書房出版）。共訳:『中国は民主主義に向かう』（かもがわ出版）。連載中：日中友好新聞「中国レーダー」に中国の内外事情、平和新聞「ウの目ハトの目」に国際問題。経歴：中国社会科学院、中国共産党編訳局、上海社会科学院、上海党学校と学術交流。アメリカ国立公文書館、安全保障公文書館、ルーズベルト図書館で日米関係を調査。

米中関係の実像―「台湾有事」を両国の密談と闘争の歴史から読み解く

2023年1月30日　第1刷発行

著　者　ⓒ末浪靖司
発行者　竹村正治
発行所　株式会社　かもがわ出版
〒602-8119　京都市上京区堀川通出水西入
TEL 075-432-2868 FAX 075-432-2869
振替　01010-5-12436
ホームページ　http://www.kamogawa.co.jp
印刷所　シナノ書籍印刷株式会社

ISBN978-4-7803-1259-1　C0031